Gabriele Kalmbach

Zu **Fuß** durch
DRESDEN
12 Spaziergänge

Droste Verlag

AUS DEM INHALT

Zu Fuß durch DRESDEN

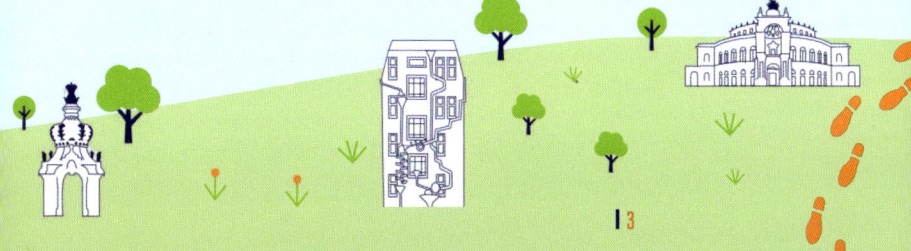

Schaufelraddampfer der Weißen Flotte

VORWORT

Beim ersten Dresden-Besuch kann man ohne Weiteres einfach ziellos zu Fuß durch die Altstadt bummeln, denn die Sehenswürdigkeiten liegen alle nah beieinander. Schon mit einem kurzen Rundgang hat man das Wichtigste gesehen – auf einem halben Quadratkilometer sind barocke Bauten und bedeutende Kunstsammlungen, ein berühmtes Opernhaus und ein geschichtsträchtiges Schloss, Hofkirche und die wiederaufgebaute Frauenkirche vereint.

August der Starke, der kunst- und prunkliebende Kurfürst, hinterließ Dresden als Barockjuwel, gewiss! Aber es wäre mehr als schade, sich nur auf die „Elb-Florenz" genannte Residenzstadt zu beschränken. Was Dresden so besonders macht, dass neben den Einheimischen auch Zugezogene die Stadt zu ihrer Herzensangelegenheit erklären und Besucher in heller Liebe entflammen, versteht man besser, wenn man sich auf den Weg in die Innere und Äußere Neustadt macht, die Villenviertel Blasewitz, Loschwitz und Weißer Hirsch erkundet, Abstecher in die Gartenstadt Hellerau und zur Sommerresidenz in Pillnitz einplant oder mal durch die Weinberge wandert. Neben Subkultur und Plattenbauten, Gründerzeitflair und Ostmoderne hat die sächsische Landeshauptstadt viel Grün und noch dörfliche Ecken zu bieten.

Zwölf abwechslungsreiche Spaziergänge durch Dresden, das sind ein Dutzend Anregungen, Unbekanntes und Überraschendes zu entdecken. Und ganz nebenbei erfahren

Sie, wo noch an den Odol-König erinnert wird, welcher Stadtteil einst ein Rundling war, wo in Plauen noch Spuren der frühen Industrialisierung zu finden sind, warum die Altstadt neu und die Neustadt alt ist und welche Pflanze ein eigenes fahrbares Gewächshaus besitzt. Sie erklimmen einen Trümmerberg, nutzen eine Bergbahn, erleben den Canaletto-Blick und spazieren an der Elbe entlang: Es lohnt sich, Dresden lässt niemanden unberührt. Die touristischen Highlights von A wie Albertinum bis Z wie Zwinger werden dabei selbstverständlich nicht ausgelassen ...

Falls Ihnen ein Spaziergang mal zu lang werden sollte, sind neben Start und Ziel jeweils weitere Tram- oder Busstationen angegeben, die es ermöglichen, eine Tour abzukürzen. Und immer gibt es auch Tipps für das leibliche Wohl – denn was wäre ein Stadtspaziergang ohne Einkehrschwung im Café oder Biergarten, Brauhaus oder Restaurant? Nur halb so schön!

Viel Freude beim Spazieren durch Dresden

Ihre Gabriele
Kalmbach

1 INNERE ALTSTADT

Start/Ziel: Synagoge, Hasenberg 1, 01067 Dresden
(GPS: 51.052591, 13.747100)
Start/Ziel: Kreuzkirche, An der Kreuzkirche, 01067 Dresden
Länge: 6 Kilometer
Dauer: 2 Stunden
ÖPNV: Haltestelle Synagoge, Tram 3, 7, 12; Ein- und Ausstiegspunkte
unterwegs: Haltestelle Theaterplatz; Rückkehr zum Ausgangspunkt:
Haltestelle Altmarkt, Tram 1, 2, 4, umsteigen an Haltestelle Pirnaischer
Platz in Tram 3, 7, 12
Parken: Parkplatz Carolabrücke, Terrassenufer

Unterwegs entdeckt:

1 Synagoge
2 Albertinum
3 Brühlsche Terrasse und Kasematten
4 Kunstakademie im Lipsiusbau
5 Sekundogenitur
6 Hofkirche Sankt Trinitatis
7 Semperoper
8 Zwinger
9 Residenzschloss
10 Stallhof und Fürstenzug
11 Verkehrsmuseum
12 Neumarkt
13 Frauenkirche
14 Stadtmuseum
15 Rathaus
16 Kreuzkirche

Essen + Trinken:

Wer einkehren und die vielen Eindrücke auf sich wirken lassen will,
findet nahebei Lokale im Taschenbergpalais und im Italienischen Dörfchen
sowie viele weitere rund um Neumarkt, Altmarkt und in der Weißen Gasse.
Zwei besondere Tipps: Abends ist das Lokal **Alte Meister** ein Restaurant
mit feiner Küche, tagsüber stellt man sich als Museumscafé auf die vielen
Dresden-Besucher ein (Theaterplatz 1 a, Tel. 03 51/4 81 04 26,
www.altemeister.net). Mit „Kaffe und Kuche" sowie sächsischer Küche zu
Essenszeiten versorgt auch das **Grand Café** im Coselpalais (An der Frauenkirche 12, Tel. 03 51/4 96 24 44, www.coselpalais-dresden.de).

Das barocke Elb-Florenz

Ein Spaziergang durch die Dresdner Altstadt führt von A nach Z – vom Albertinum bis zum Zwinger – und vorbei an einer Fülle sehenswerter Architektur. Die sächsische Landeshauptstadt erwarb ihr Renommee als viel gerühmtes „Elb-Florenz" durch den Hang der einstigen Kurfürsten zu Prunk und maximaler Prachtentfaltung. Seiner Residenzstadt hinterließ August der Starke barocke Illusionsarchitektur, eine prächtige Kulisse für höfische Festlichkeiten. Heute bildet der Zwinger mit Frauenkirche, Residenzschloss, Hofkirche und Semperoper das Ensemble der Altstadt – mühsam nach dem Zweiten Weltkrieg und nach der Wende rekonstruiert. Einer der Widersprüche Dresdens: Die Neustadt ist alt, doch die Altstadt ist neu, denn rund um den Neumarkt entstand moderne Illusionsarchitektur. Dresdens historisches Zentrum erstrahlt in einer barocken Pracht, als hätte es seine Zerstörung nie gegeben.

Genau die Bruchstelle zwischen der Dresdner Altstadt mit ihren historischen und rekonstruierten Bauten sowie den umgebenden Vierteln mit Plattenbau und anderer Nachkriegsarchitektur bietet sich als guter Startpunkt an, das „alte Dresden" zu erkunden. Bewusst als Kontrapunkt zum restaurierten Stadtbild wurde die neue **Synagoge** 1 gesetzt. Sie entstand genau dort, wo das 1840 von Gottfried Semper erbaute Gotteshaus der jüdischen Gemeinde fast 100 Jahre gestanden hatte, bis die Nationalsozialisten es zur Pogromnacht am 9. November 1938 in Brand setzten und die Feuerwehr daran hinderten, den Brand zu löschen. Die zwei schmucklosen, sandsteinfarbenen Kuben – Bethaus und Gemeindezentrum – nach Plänen des Architekturbüros Wandel, Hoefer, Lorch & Hirsch

Synagoge

Brühlscher Garten

überzeugen durch ihre Schlichtheit. Wie das Landtagsgebäude in ähnlich markanter Lage an der Elbe (Spaziergang 2) fügt sich der formstrenge, entschieden moderne und 2002 als „bestes Gebäude Europas" ausgezeichnete Bau souverän in das Panorama.

Vom Hasenberg sind es nur wenige Schritte hinauf zum erhöhten Altstadtufer auf den ehemaligen Befestigungsanla-

Albertinum

gen. Gleich hinter dem Gedenkstein für die alte Synagoge gelangt man via Akademiestraße auf die Brühlsche Terrasse, die sich vor dem Albertinum zur kleinen Gartenanlage erweitert. Zu entdecken sind im **Brühlschen Garten** ein modernes Denkmal für Caspar David Friedrich und eine Stele für Johann Friedrich Böttger als (Mit-)Erfinder des Porzellans sowie der Delphinbrunnen, eine restaurierte Brunnenanlage, ursprünglich Mitte des 18. Jahrhunderts geschaffen.

Im **Albertinum 2** stellen die Gemäldegalerie Neue Meister und die Skulpturensammlung ein erstes Dresdner Highlight dar und verführen dazu, den Spaziergang schon erstmalig zu unterbrechen. Aber

auch, wer den Museumsbesuch auf später vertagt, kann einen Blick in das mächtige Gebäude werfen. Durch den Eingang am Georg-Treu-Platz gelangt man in die große zentrale Halle, die nach der Jahrhundertflut 2002 mit einem spektakulären hochwassersicheren Depot überbaut wurde.

Das ehemalige Alte Zeughaus wurde im 19. Jahrhundert im Stil der Neorenaissance umgebaut und erweitert; die sehenswerte Gemäldesammlung umfasst die „Neuen Meister" von Caspar David Friedrich bis Gerhard Richter – darunter Werke des Impressionismus, der Dresdner Künstlergruppe „Brücke", der Neuen Sachlichkeit und der Nachkriegszeit. Auch die Antikensammlung sowie die Skulpturen der Renaissance und des Barocks verdienen Beachtung. Mit Werken

Brühlsche Terrasse

aus dem 19. und 20. Jahrhundert, von Auguste Rodin bis Wilhelm Lehmbruck, reicht die Skulpturensammlung bis in die Gegenwart.

Wieder draußen angelangt, muss man ein paar Treppenstufen steigen, um zurück auf die Brühlsche Terrasse zu gelangen. Unter der berühmten Elbpromenade befinden sich alte Befestigungsanlagen der Stadt, die zu besichtigen sind. Bei Ausgrabungen und Erforschung der einstigen **Festung Dresden** wurden dann Kasematten, Wehrgänge und Geschützhöfe sowie das einzige erhalten gebliebene Stadttor freigelegt. Zu Beginn des 19. Jahrhunderts wurde die Stadtbefestigung geschleift, die etwa 500 Meter lange Anlage an der Elbfront aber stehengelassen.

Oben reihen sich entlang der mehrere hundert Meter langen **Brühlschen Terrasse 3**, dem „Balkon Europas", weitere historische Bauten zum berühmten Dresdner Stadtpanorama auf, welches sich beim zweiten Stadtspaziergang auf der anderen Seite der Elbe als „Canaletto-Blick" grandios darbietet.

Das monumentale Gebäude der **Kunstakademie 4** mit üppig geschmückter Fassade im Stil der Neorenaissance wurde um 1890 nach Plänen von Constantin Lipsius errichtet. An den Bau parallel zur Elbe schließt ein Ausstellungsgebäude des Sächsischen Kunstvereins an, ebenfalls mit einer repräsentativen Eingangsfassade, die mit Giebel und Säulen an einen griechischen Tempel erinnert. Beide verbindet ein achteckiger Pavillon, der eine markante Glaskuppel erhielt, wegen ihrer Form Zitronenpresse genannt. Ob obenauf Nike, die Siegesgöttin, oder Fama, die Göttin des Ruhms, thront, darüber gibt es unterschiedliche Meinungen. Seit der Restaurierung wird der Lipsius-Bau als Ausstellungsstätte für alte und neue Kunst genutzt.

Sekundogenitur und Rietschel-Denkmal

Gleich dahinter folgen **Sekundogenitur 5** und **Neues Ständehaus,** allesamt typische Beispiele pompöser historisierender Architektur aus den letzten Jahren des 19. Jahrhunderts – die barocken Vorläufer wurden hier alle abgerissen und ersetzt oder umgebaut, die heutige Bebauung ist Neobarock oder Neorenaissance. Geblieben ist die Idee, aus der abwehrenden Festungsanlage einen „Balkon" zum Lustwandeln und Flanieren, mit Blick auf Fluss, Brücken und Landschaft zu machen. Den Beinamen „Balkon Europas" verlieh ausgerechnet der Alte Fritz der Brühlschen Terrasse, weil sie einen eindrucksvollen Blick über die Elbe auf das Panorama der Dresdner Neustadt bietet

Hofkirche

Kunstakademie

—was ihn im Siebenjährigen Krieg nicht daran hinderte, Dresden mit Kanonen zu beschießen.

Am westlichen Ende der Brühlschen Terrasse führt eine große Freitreppe hinunter zur Hofkirche, gesäumt von vier Figurengruppen, welche die vier Jahreszeiten darstellen, ein Werk von Johannes Schilling aus der zweiten Hälfte des 19. Jahrhunderts. Die **Hofkirche Sankt Trinitatis 6** ist Sachsens größte Kirche und Grablege der Wettiner. August der Starke, zum katholischen Glauben übergetreten, um König von Polen werden zu können, ließ ein Provisorium errichten. Erst unter dem Sohn Friedrich August II. wurden ein Elbtor und Festungswerke abgetragen, um den Bauplatz für die Hofkirche zu schaffen. 1739 wurde der Grundstein gelegt. Mitten im protestantischen Dresden errichtet, gilt dieses mit übergroßen Heiligenfiguren geschmückte Gotteshaus, ein Werk des Italieners Gaetano Chiaveri, als letzte große Leistung des Barock. In ihrem Innern birgt die Kathedrale eine Rokoko-Kanzel von Balthasar Permoser, eine große Silbermannorgel, das letzte Instrument des berühmten sächsischen Instrumentenbauers, und in der nur mit Führung zugänglichen Gruft die Sarkophage mit den sterblichen Überresten der sächsischen Kurfürsten, Könige und ihrer Angehörigen. Hier wird auch das Herz Augusts des Starken aufbewahrt.

Rund um den Theaterplatz – er wird zu den schönsten Plätzen Europas gezählt – gruppieren sich Dresdens berühmte Bauwerke: Semperoper, Zwinger, Residenzschloss und Hofkirche. Die seitlich auf den Platz gesetzte **Schinkelwache,** benannt nach ihrem Baumeister Karl Friedrich Schinkel, fungiert als Café und Kartenvorverkaufsstelle. Zur Elbe hin, im sogenannten **Italienischen Dörfchen,** gibt es gleich mehrere Lokale und Restaurants in Räumen mit restaurierter historischer Ausmalung; der Name erinnert an die Bauarbeiter und Steinmetze aus Italien, die am Bau der Hofkirche mitarbeiteten und hier ihre Unterkünfte hatten. Das in der Mitte stehende Reiterstandbild von Johannes Schilling stellt König Johann dar, der ab 1854 Sachsen regierte, die Wissenschaften förderte und literarischer Schöngeist wie Staatsmann war – unter dem Pseudonym „Philaleles" übersetzte er Dantes „Göttliche Komödie" ins Deutsche.

In der **Semperoper** 7, dem zweiten architektonischen Wahrzeichen (neben der Frauenkirche) dieser an Kultur und prächtigen Bauten so reichen Stadt, sorgen hochrangige Inszenierungen und die musikalische Spitzenqualität der Sächsischen Staatskapelle für eine dauerhaft gute Auslastung – Karten sollte man daher frühzeitig reservieren. Nur Schiller

Semperoper

und Goethe, die beiden Figuren am Eingang, stammen noch vom ersten Semperbau, der 1869 einem Brand zum Opfer fiel. Als Neorenaissancebau, wiederum nach Plänen Sempers, wurde die Oper wiedererrichtet – die prächtige Innenausstattung ist auch tagsüber bei einer Führung zu besichtigen. Der nach dem Zweiten Weltkrieg rekonstruierte imposante Theaterbau ist sozusagen schon die dritte „Semperoper". Zwischen Oper und Zwinger steht eine überlebensgroße Statue von Carl Maria von Weber, ab 1816 Hofkapellmeister und Musikdirektor der Oper.

Geht man vom Theaterplatz durch einen Torbogen hindurch, gelangt man in den großen Zwingerhof. Der **Zwinger 8,** eines der bedeutendsten Bauwerke des Barocks, beherbergt heute die Gemäldegalerie der Alten Meister, die Porzellansammlung und das Mathematisch-Physikalische Kabinett. Angelegt zunächst als Orangerie und höfischer Festsaal, wurde die unter der Leitung von Baumeister Matthäus Daniel Pöppelmann und Bildhauer Balthasar Permoser errichtete Anlage durch Erweiterung und Ausbau zum Gesamtkunstwerk. Die „Perle des Barock" wurde von Pöppelmann in aller Eile als „Festplatz unter freiem Himmel" für den Staatsbesuch des dänischen Königs im Jahre 1709 hergerichtet. Weil es außerordentlich schnell gehen musste, wurden man-

Zwinger

che seiner Entwürfe zunächst aus Holz gestaltet. Nach dem Fest wurde der Zwinger in solidem Stein weitergebaut. Was heute so einheitlich und harmonisch wirkt, ist das Ergebnis von mehr als zwei Jahrzehnten Bauzeit; die abschließende Sempergalerie wurde sogar erst mehr als 100 Jahre später hinzugefügt. August dem Starken waren Feste wichtiger als Festungen: Die Anlage war niemals ein Schloss, sondern reine Festarchitektur, ein Lustgarten und Rahmen für Konzerte und Kutschfahrten, Feuerwerk und Feste, Tierkämpfe und Turniere unter freiem Himmel.

Auch im **Wallpavillon** mit dem Herkules obenauf steigt man am besten ein paar Treppen hinauf und wirft einen Blick auf das **Nymphenbad.** Zu der versteckten Brunnenanlage führt ein anderer Treppenabgang wieder hinunter. In ein großes Becken mit wasserspeienden Delphinen ergießen sich Wasserkaskaden, die aus einem Schalenbrunnen oben vom Zwingerdach herabströmen, in den Mauernischen wachen steinerne Nymphen über die friedliche Idylle. Der grazile Pavillon vis-à-vis der Gemäldegalerie heißt **Kronentor:** Auf der Turmzwiebel tragen vier goldene Adler die Königskrone – August der Starke

Glockenspielpavillon

war nicht nur Kurfürst von Sachsen, sondern seit 1697 auch König von Polen.

Das Kronentor und der Wallpavillon markieren Ein- und Zugänge, teils gelangt man auch über Treppen auf die oberen Galerien – ein guter Standort auch für schöne Fotoaufnahmen. Wer mag, schließt noch einen Rundgang durch die Gartenanlage an, ansonsten gelangt man durch den **Stadtpavillon** zur Sophienstraße (der Durchgang heißt auch Glockenspielpavillon, weil zur Innenseite ein Glockenspiel aus Meissener Porzellan angebracht ist).

Ein Wort noch zu den Museen: Der weltweite Ruf der **Gemäldegalerie Alte Meister** gründet sich vor allem auf Meisterwerke der italienischen Malerei, auf Gemälde von Giorgione, Tizian, Correggio, Mantegna, Botticelli, Veronese, Tintoretto. Einen Glanzpunkt der reichen Kunstsammlung bildet das Gemälde „Die Sixtinische Madonna" von Raffael. Die beiden spitzbübischen Engelchen zu Füßen der Madonna machten als losgelöstes Detail eine ganz eigene Karriere: Auf allen nur denkbaren Artikeln abgebildet, wurden sie vielfältig vermarktet. Einen zweiten Schwerpunkt bilden Werke der holländischen und flämischen Malerei des 17. Jahrhunderts, etwa Arbeiten von Rubens, Rembrandt, Vermeer und Van Dyck sind vertreten. Nicht auslassen sollte man auch den „Katharinenaltar" von Cranach und die grandiosen Stadtansichten aus der Mitte des 18. Jahrhunderts des venezianischen Malers Canaletto, in denen das barocke Dresden wiederaufersteht.

Schlendert man vorbei am **Taschenberg-Palais,** das einst August der Starke für seine Mätresse Anna Constanze Gräfin Cosel erbauen ließ und in dem heute ein Luxushotel residiert, steht man direkt vor dem **Residenzschloss 9.** Der einstige Sitz der sächsischen Kurfürsten und Könige wurde über die Jahrhunderte mehrfach umgebaut und erweitert, be-

Residenzschloss

zeugt ist eine Burg bereits seit dem 13. Jahrhundert. Trotz der schweren Beschädigung 1945 ist der ausgedehnte Bau ein bedeutendes Monument, das rund 800 Jahre sächsische Geschichte spiegelt. Im Stadtbild fällt vor allem der Hausmannsturm als der höchste Turm Dresdens auf; von oben bietet er auf Augenhöhe mit der Hofkirche einen schönen Blick auf die Altstadt.

Seit das Schloss komplett restauriert wurde, sorgen wahre Wunderwerke im Innern des Museumskomplexes für steten Besucherandrang: das **Historische** und **Neue Grüne Gewölbe** vor allem, aber auch die Rüstkammer und die Türckische Cammer sowie das Münz- und Kupferstichkabinett mit wechselnden Ausstellungen. Wer Dresden von oben sehen will, erklimmt den **Hausmannsturm** und genießt den Rundumblick von der Aussichtsplattform. Als Zentrum der Staatlichen Kunstsammlungen zog das Schloss außer Touristen leider auch Diebe an. Der spektakuläre Museumsraub 2019 brachte Dresden unerfreuliche Schlagzeilen ein, denn im **Grünen Gewölbe** sind unvorstellbar wertvolle Schätze ausgestellt. Zur Wiedereröffnung schrieb die „Süddeutsche Zeitung", Deutschland erhalte eines seiner Weltwunder zurück. Das Schatzkammermuseum von August dem Starken lasse mit seiner „niederschmetternden Fülle erstrangiger Meisterwerke" alle anderen

Schlossstraße

fürstlichen Kunst- und Wunderkammern dieser Erde arm aussehen. Raritäten für ihre Kunstkammer sammelten schon die Vorgänger Augusts des Starken; ab 1572 wurde die Sammlung wegen der grünen Ausmalung der Räume im Westflügel des Schlosses „Grünes Gewölbe" genannt. Unter August dem Starken wurden die unterm Dach versammelten Schätze in neuen Schauräumen im Erdgeschoss untergebracht, mit deren Ausstattung er hervorragende Künstler beauftragte. Es gab ein Bronzezimmer, ein Silberzimmer, ein Goldzimmer, ein Juwelenzimmer, ein Elfenbeinzimmer mit verspiegelten

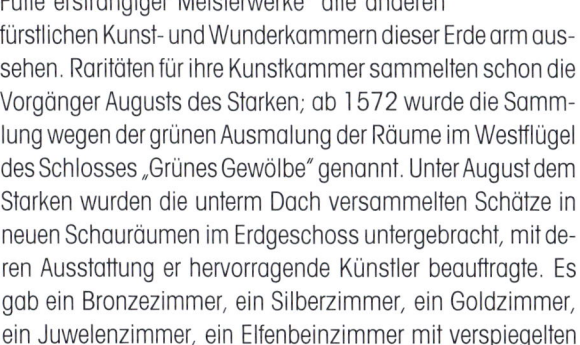

Stallhof

Schauwänden und kunstvoll geschnitzten, vergoldeten Tischen und Konsolen. Zu den faszinierendsten Stücken gehört „Der Hofstaat zu Delhi am Geburtstag des Großmoguls Aureng-Zeb", ein figurenreiches Ensemble, das Hofgoldschmied Johann Melchior Dinglinger in jahrelanger Arbeit Anfang des 18. Jahrhunderts für August den Starken fertigte. Für die goldenen, farbig emaillierten Figuren wurden über 5000 Diamanten, Smaragde, Rubine und Perlen verarbeitet. Von Dinglinger stammen noch weitere Preziosen, etwa ein 45-teiliges Kaffeeservice aus massivem Gold, ebenfalls mit Emaillemalerei verziert, der „Mohr mit der Smaragdstufe" und „Das Bad der Diana".

Draußen vor dem Eingang bietet es sich an, gleich zum **Stallhof** weiterzuschlendern, einem der wenigen erhaltenen baulichen Zeugnisse der Renaissance. Hier fanden einst Turniere und Hetzjagden statt, beides höfische Belustigung für den Kurfürsten und den Adel. Zum Hof hin ist ein prächtiger Arkadengang mit toskanischen Säulen und reich verzierter Fassade zu sehen. Zur Augustusstraße begrenzt der **Lange Gang,** Ende des 16. Jahrhunderts erbaut, das Ensemble: An seiner Außenseite wurde mit dem sogenannten **Fürstenzug 10** den Wettinern ein bildliches Denkmal gesetzt, eine

ANN GEORG III. JOHANN GEORG IV. AUGUST II. AUGUST III. FRIED
1680 - 091 1691 - 1694 1694 - 1733 1733

Fürstenzug

Johanneum

eindrucksvolle Ahnengalerie aus Porzellan. Dieses Herrscherhaus, das über acht Jahrhunderte in Sachsen an der Macht blieb, hat damit mehr Kontinuität aufzuweisen als die Wittelsbacher in Bayern oder die Hohenzollern in Brandenburg-Preußen. Der über 100 Meter lange Fries, das größte Porzellanbild der Welt, wurde ursprünglich in den 1870er-Jahren ausgeführt und zu Beginn des 20. Jahrhunderts mit Meissener Porzellanfliesen erneuert. Die rund 23.000 Kacheln sind durch mehrfaches Brennen so beständig, dass sie sogar den Feuersturm von 1945 überdauert haben. Auf dem Wandbild reiten 35 Wettiner aus sieben Jahrhunderten, vom Markgrafen Konrad bis zum Brüderpaar der Könige Albert und Georg, in chronologischer Abfolge. Der letzte sächsische König Friedrich August III., der 1918 abdankte, fehlt; er war zur Zeit der Entstehung noch ein Kind. Die scheinbare Geradlinigkeit der Ahnengalerie verdeckt jedoch, wie viele historische und genealogische Brüche, Verwerfungen und Zufälle es in der Abfolge gab, wie viele Kämpfe, Fehden und sogar Brüderkriege. In seiner festzugartigen Darstellung und materiellen Ausführung ist das Wandbild jedoch ein einmaliges Kunstwerk.

Alle Verkehrszweige unter einem Dach im **Verkehrsmuseum im Johanneum** 11: historische Dampflokomotiven und Straßenbahnen, Elbeschifffahrt, Trabis, Fahrräder und Fluggeräte auf zwei Etagen. Vom Hochrad bis zur Pferdebahn – Fahrzeug-Oldtimer demonstrieren anschaulich die Geschichte der Fortbewegung zu Land, zu Wasser und in der Luft. Im ehemaligen Stallgebäude mit Remise standen einst Pferde und Fahrzeuge der Kurfürsten. Das ursprünglich im Renaissancestil Ende des 16. Jahrhunderts entstandene Gebäude wurde durch mehrere Umbauten stark verändert. Die doppelläufige Treppenanlage wurde Mitte des 18. Jahrhunderts vorgesetzt.

Rund um den **Neumarkt 12** kann man am deutlichsten sehen, wie in Dresden die Wiederherstellung einer idealisierten Vergangenheit vorangetrieben wird. Nach dem Krieg war der Neumarkt ein Trümmerfeld und nach der Beräumung lange eine riesige Brache, einige Bauten aus der DDR-Zeit wurden später abgerissen. Die neuen Häuserzeilen, Nachempfindungen barocker Bebauung, orientieren sich zwar am historischen Stadtbild, doch hinter den Fassaden ist moderne Geschäftstüchtigkeit zu Hause. So entstand rund um die Frauenkirche eine kulissenhafte Scheinarchitektur, vornehmlich aus Hotels, Apartment- und Bürohäusern mit Geschäften, Restaurants und Bars im Erdgeschoss.

Ein paar Schritte noch, und man steht staunend vor einem weiteren Dresdner Wunderwerk – der wiedererstandenen **Frauenkirche 13.** Es lohnt sich, sie von außen zu umrunden, ihr Inneres zu betreten und zur Kuppel hinaufzusteigen. Wer vorab Karten für ein Konzert reservieren konnte, wird sich glücklich schätzen. Von oben erschließt der Panoramablick Altstadt und Neustadt, die Elbufer und bei guter Sicht auch die ferneren Attraktionen rund um Dresden. Das Dresdner Wahrzeichen, im 18. Jahrhundert von George Bähr entworfen, war

Neumarkt

1 INNERE ALTSTADT

Frauenkirche

die selbstbewusste und repräsentative Antwort des bürgerlichen, protestantischen Dresdens auf die katholische Hofkirche. 1945 zerstört, ist die Kirche seit 2005 wieder ein Zeichen für Wiederaufbau und Versöhnung. Dank vielen Millionen Euro an Spenden von Menschen aus Deutschland und aller Welt konnte das monumentale Bauwerk wiederauferstehen.

Die gewaltige steinerne Kuppel der **Frauenkirche** mit 23,5 Meter Durchmesser entwickelte sich zum Wahrzeichen des protestantischen Dresdens. Die Kirche wurde als Ausdruck des erstarkenden Selbstbewusstseins des Bürgertums vom Rat der Stadt in Auftrag gegeben, nicht vom Hof. 1726 wurde der Vorgänger abgerissen und mit dem Bau unter Aufsicht von George Bähr (1666–1738) begonnen – noch zu Lebzeiten Augusts des Starken, der Jahre zuvor aus Machtkalkül zum Katholizismus übergetreten war (die Untertanen blieben aber mehrheitlich protestantisch). Das aus Sandstein errichtete, knapp 95 Meter hohe Zentralgebäude gehört zu den singulären Leistungen der Baukunst in Europa, und um die Sicherheit der Kuppel gab es durchaus Diskussionen. Man zweifelte an ihrer Stabilität, und der Rat forderte wiederholt Gutachten für die kühne Konstruktion an. Als 1743 das Kreuz oben auf die elegant geschwungene steinerne Kuppel gesetzt war, verglich man die Kirche mit dem Petersdom in Rom, mit der Hagia Sophia in Konstantinopel, nannte sie den vollkommensten Kirchenbau des Protestantismus, eine lutherische Kathedrale. Zerstörung und Wiederaufbau im 20. Jahrhundert machten das architektonische Kunstwerk noch mehr zu einem besonderen Symbol. 2005 wurde die rekonstruierte Frauenkirche unter weltweiter Anteilnahme eingeweiht und setzt seither wieder ihren markanten Akzent im Ensemble des Dresdner Stadtpanoramas am Elbufer.

Der kreisförmige Innenraum ist mit vier angedeuteten Kreuzarmen verschränkt, die am fast quadratischen Außenbau kaum in Erscheinung treten. Diagonal dazu vier Treppenhäuser, die zu den Emporen führen. Bei der historischen Rekonstruktion wurde auch der Innenausstattung große Sorgfalt gewidmet. Groß und monumental ist der Kirchenraum, gestaffelt über fünf Emporen wie in einem barocken Theater erhält das Monumentale menschliche Maße. Auch die Farbgebung der Innenausmalung hat nichts Strenges, eine fröhliche Mischung aus goldenen und pastellfarbenen Tönen, für die in historischer Spurensuche alte Unterlagen zu Rate gezogen wurden. Der Altar wurde aus Tausenden Bruchteilen wieder zusammengepuzzelt – die Risse sollen absichtlich sichtbar bleiben, um an die Zerstörung zu erinnern.

Das spätbarocke **Coselpalais** direkt neben der Frauenkirche ist nur eines der historischen Gebäude, mit denen der Neumarkt seine alte Bebauung „zurückerhielt". Mittels Computeranimation ließ sich nach alten Postkarten und Fotografien das äußere Erscheinungsbild rekonstruieren, doch auch dieses mehr schlecht als recht nachempfundene Palais mit

Lipsiusbau und Coselpalais

Kreuzkirche

dem modernen Appendix und großer Tiefgarageneinfahrt ist im Innern hinter der vorgehängten Fassade ein kompletter Neubau.

Vorbei am **Stadtmuseum 14** und **Gewandhaus,** einst ein Barockbau aus der zweiten Hälfte des 18. Jahrhunderts, der als Hotel wiederaufgebaut wurde, geht es jenseits der Wilsdruffer Straße noch zum **Neuen Rathaus 15.** Der große Komplex stammt aus den ersten Jahren des 20. Jahrhunderts. Oben auf dem Turm blickt der vergoldete Rathausmann weit ins Land, eine fünf Meter große Figur des Bildhauers Richard Guhr.

Den 92 Meter hohen Turm der **Kreuzkirche 16** kann man besteigen und den Blick von der Aussichtsplattform in 54 Metern Höhe über das Stadtzentrum genießen. Beim Aufstieg kommt man am zweitgrößten Geläut Deutschlands vorbei. Schon früh hatte es an dieser Stelle eine Kirche gegeben, doch sie brannte mehrmals aus, im 15. und 17. Jahrhundert ebenso wie im Siebenjährigen Krieg, als die Kirche von den Kanonenkugeln des „Alten Fritz" zerstört wurde. Canaletto hielt 1765 die kläglichen Reste des Turms in einem Gemälde fest, bevor diese dann auch noch einstürzten. Weniger wuchtig, als sie vorher war, wurde die Kreuzkirche bis 1800 wieder aufgebaut, 1897 litt sie bei einem Brand erneut, 1945 durch britische Bomben. Im schlichten Innern beließ man es nach dem Wiederaufbau bei der kargen Schmucklosigkeit der Wände, um an die Zerstörungen des Zweiten Weltkriegs zu erinnern. Das nach wie vor rußgeschwärzte Altarbild „Kreuzigung" überstand die Feuersbrunst.

Die Dresdner

BOMBENNACHT 1945

Der Angriff kam völlig überraschend. „Reichsluftschutzkeller"
nannten die Dresdner ihre Stadt und hegten die Illusion, die Alliierten würden die Kulturmetropole voller Flüchtlinge verscho-
nen. Doch in der Nacht vom 13. auf den 14. Februar 1945 ging
die Stadt in Flammen auf, britische und amerikanische Bom-
bengeschwader warfen in drei Angriffswellen ihre tödliche
Fracht ab. Das Nazi-Regime hatte Europa mit Krieg überzogen,
nun schlugen die alliierten Streitkräfte mit aller Macht zurück.
Nur wenige Monate vor Kriegsende wurde Dresden in einer einzigen Nacht durch Tausende Tonnen Sprengstoff in Schutt und
Asche gelegt. Ganze Straßenzüge standen schon nach dem ersten Angriff in Flammen, die alles niederwalzende Wucht des
zweiten Angriffs löste die Katastrophe aus, welche heute mit
dem Namen Dresden verbunden ist.

Die ganze Stadt brannte. In den Kellern erstickten die Menschen, andere starben auf den Straßen und Plätzen: Der Sog
des verheerenden Feuersturms zog viele Menschen mit Gewalt
in die Flammen. So groß war der Sauerstoffbedarf der Flammen, schildern Überlebende, dass sie sich an Straßenlaternen
festhalten mussten, um sich zu retten. Ein Inferno, eine tödliche
Falle. Tausende Tote wurden aus Luftschutzräumen und Kellern
geborgen – so viele, dass auf dem Altmarkt ein Teil der Leichen
auf großen Rosten aus Gleisen und Eisenträgern eingeäschert
wurde.

Dahin war die berühmte Stadtsilhouette. Das Zentrum blieb
zurück als eine Trümmerwüste apokalyptischen Ausmaßes. Die
Frauenkirche hatte dem Feuersturm zunächst standgehalten,
erst am Tag nach dem Angriff stürzte auch die Kuppel in sich
zusammen. Es dauerte Tage, bis alle Brände erloschen waren.
Noch Jahre nach Kriegsende blieb die Stadt eine Trümmerland-
schaft, erinnerten rauchgeschwärzte Ruinen und riesige Lücken
an die Feuersbrunst. Die Dresdner haben das Bombardement
und die gewaltige Zerstörung nie verwunden. Von nun an gab
es eine neue Zeitrechnung – vor dem Angriff und nach dem Angriff.

Start/Ziel: Congress Center Dresden, Ostra-Ufer 2, 01067 Dresden (GPS: 51.058731, 13.731351)
Start: Panometer, Gasanstaltstraße 8 b, 01237 Dresden
Länge: 12 Kilometer
Dauer: ca. 3 Stunden
ÖPNV: Haltestelle Kongresszentrum/Haus der Presse, Tram 6, 10, 11; Ein- und Ausstiegspunkte unterwegs: Haltestelle Hauptbahnhof, Straßburger Platz; Rückkehr zum Ausgangspunkt: Haltestelle Nähterstraße, Bus 64 bis Bergmannstraße, dann umsteigen in Tram 4
Parken: Parkhaus des Kongresszentrums oder Parkhaus Mitte, Magdeburger Straße 1, oder Parkplatz Ostrastraße Elbe

Unterwegs entdeckt:

1 Yenidze
2 Kongresszentrum
3 Sächsischer Landtag
4 Schauspielhaus
5 Postplatz
6 Kulturpalast
7 Prager Straße
8 Kristallpalast und Rundkino

9 Hauptbahnhof
10 Deutsches Hygiene-Museum
11 Gläserne Manufaktur
12 Rudolf-Harbig-Stadion
13 Zoo
14 Großer Garten
15 Panometer

Essen + Trinken:

Im Großen Garten gibt es gleich mehrere Einkehrmöglichkeiten, bei gutem Wetter im Biergarten, bei Regen oder kalter Witterung auch drinnen. Wer gerne im Grünen picknickt, findet zudem ausgedehnte Rasenflächen und viele Bänke. Zwei besondere Tipps: Das **Carolaschlösschen** (Querallee 7, Tel. 03 51/2 50 60 00, www.carolaschloesschen.de) im Großen Garten geht schon als Ausflugslokal durch, die **Torwirtschaft** ist ein klassischer Biergarten (Lennéstraße 11, Tel. 03 51/4 59 52 00, www.torwirtschaft-dresden.de).

Ostmoderne und Gegenwartsarchitektur

Das sozialistische Dresden brauche „weder Kirchen noch Barockfassaden", mit diesem Satz ist der berüchtigte Bürgermeister Walter Weidauer in die Stadtgeschichte eingegangen. Dem Wüten von Spitzhacke, Bagger und Abrissbirne, dem „Plattmachen" der bürgerlichen Vergangenheit, ist denn auch einiges in Dresden zum Opfer gefallen. Doch neben Platte, Wohnzellen und Pathos-Architektur im Stalin-Barock entstanden erhaltenswerte Bauten der Ostmoderne wie der Kulturpalast und nach der politischen Wende einige international beachtete Solitäre.

Von der Tramhaltestelle sind es nur ein paar Schritte zur **Yenidze 1 .** Im 19. Jahrhundert war Dresden ein Zentrum der Zigarettenproduktion und des Rohtabakhandels. Von dieser florierenden Industrie kündet die weithin sichtbare Yenidze nordwestlich der Altstadt, eine exotisch-orientalisch anmutende „Tabakmoschee" mit einem Schornsteinminarett. Der Industrielle Hugo Zietz ließ die eigenwillige Zigarettenfabrik 1909 in moderner Stahlbeton-Skelett-Technik erbauen und gab ihr den Namen einer mazedonischen Stadt. Heute sind in dem monumentalen Bau Büros untergebracht; eingezogen sind auch ein Restaurant und ein Theater.

Unter der Marienbrücke hindurch gehen wir zum **Kongresszentrum 2** mit seiner ausladenden Freitreppe, großen Glasfronten und einem schräg ansteigenden Dach, das direkt an der Elbpromenade liegt, die hier „Neue Terrasse" heißt. Gleich dahinter steht der rund 40 Meter hohe **Erlweinspeicher,** den Stadtbaurat Hans Erlwein 1912 errichten ließ. Das imposante Speichergebäude war eine der ersten Stahlbaukonstruktionen Europas. Wo früher Tabak und Baumwolle gelagert wurden, logieren heute Hotelgäste.

In einem gläsernen Plenarsaal tagen die Parlamentarier des **Sächsischen Landtags 3.** Von Architekt Peter Kulka entworfen, erweitert der Mitte der 1990er-Jahre errichtete Bau einen Verwaltungstrakt aus den 1920er-Jahren, der damals als Sitz des Landesfinanzamts diente. Das wegen seiner

Yenidze

Leichtigkeit gerühmte „Glashaus" spiegelt Selbstbewusstsein wider und soll wohl auch (politische) Transparenz und Offenheit demonstrieren. Unter den vielen Neubauten, die seit 1990 im Zentrum Dresdens entstanden, hat der Kulka-Bau es so unaufgeregt wie elegant vermocht, sich in das berühmte Stadtpanorama und die Kette der historischen Wahrzeichen entlang der Elbe einzufügen. Aus ihrem Sitzungssaal blicken die Abgeordneten unmittelbar auf die Elbe, auch aus dem Restaurant im Dachgeschoss ist ein prachtvoller Blick zu genießen, im Sommer auf der Terrasse.

Der Sächsische Landtag überträgt alle Plenarsitzungen live im Web.

An der Rückseite der Semperoper entlang gehen wir durch die Parkanlage westlich des Zwingers vorbei am **Zwinger-**

teich, einst Teil des Festungsgrabens. Über die Brücke am Kronentor erreichen wir die Ostra-Allee. Gleich gegenüber steht mit dem **Staatsschauspiel Dresden** 4 ein Theaterbau, der zu Beginn des Ersten Weltkriegs noch als „Königliches Schauspielhaus" errichtet wurde. Die Bühnentechnik gehörte damals zu den modernsten ihrer Zeit und ermöglichte vielfältige Effekte. Den Bau wie auch die äußerlich unveränderte Rekonstruktion nach dem Zweiten Weltkrieg unterstützten die theaterbegeisterten Dresdner mit enormen Beträgen. Nach der Wende wurden Mitte der 1990er-Jahre auch die Innenräume originalgetreu wiederhergestellt.

Der direkt angrenzende **Postplatz** 5 ist ein zentraler Verkehrsknotenpunkt Dresdens, in den sternförmig gleich sieben Straßen münden. Ihn umrunden teils Neubauten, anderes erinnert an DDR-Zeiten – so blieb der Schriftzug „Dresden grüßt seine Gäste" auf dem Dach eines Hochhauses an der Freiberger Straße erhalten. Die längst stillgelegte Stadtmarketing-Reklame aus den 1970er-Jahren blinkt allerdings nicht

Staatsschauspiel Dresden

Kulturpalast

mehr. Einst leuchtete der Schriftzug um die Wette mit den farbigen Neonblumen dazwischen. Zentral auf dem Platz befindet sich die runde **Käseglocke.** Der frühere Kiosk der Dresdner Verkehrsbetriebe dient heute als Café. Als zentrale Umsteigestation ist der Postplatz auch eine der größten Haltestellen der Stadt: Sieben Straßenbahn- und mehrere Buslinien kreuzen hier ihre Wege. Für die Gestaltung ließen sich die Architekten vom Stadttor anregen, das einst hier stand. Ihr Entwurf sei eine moderne Übersetzung des Tors in ein „heutiges Zeichen für den Eingang in die Altstadt". Die Dresdner selbst erkennen in der glasgedeckten Stahlrahmenkonstruktion für die Haltestelle allerdings einen „Schmetterling". Was könnte von einem massiven Tor weiter entfernt sein als ein zarter Falter?

Beim Wiederaufbau Dresdens in den 1950er-Jahren entstand die Wilsdruffer Straße als extrem verbreiterte Ost-West-Magistrale. Und als wichtigstes Zeugnis der neuen, an der internationalen Moderne orientierten Bauweise wurde Ende der 1960er-Jahre dort der **Kulturpalast 6** eingeweiht – ein Glaskasten für die „sozialistische Großstadt". Weil nach der Wende rund um Neumarkt und Frauenkirche neobarocke Fassaden aus dem Boden wuchsen, drohte auch dem „Fremdkörper" der Mehrzweckhalle im Zentrum der Altstadt der Abriss. Doch nach langen, kontrovers geführten

Wandbild „Der Weg der
Roten Fahne" am Kulturpalast

Diskussionen durfte der modernistische „Kulti" bleiben, wurde licht und einladend renoviert und erfüllt seither als Stadt- und Konzerthalle eine wichtige Funktion im Kulturleben Dresdens. Bleiben durfte auch das etwa 30 mal 10 Meter große sozialistische Wandbild „Der Weg der roten Fahne" an der Außenfassade. Innen wurde der Bau völlig entkernt und ein neuer Konzertsaal errichtet, dessen Akustik als hervorragend gilt – Hauptnutzer ist die Dresdner Philharmonie.

Den **Altmarkt,** auf dem zur Advents-zeit der legendäre Striezelmarkt seine Buden aufstellt, umgrenzen an der Ost- und Westseite Häuserzeilen im „Stalin-barock", die in den 1950er-Jahren gebaut wurden. Durch die Gebäudezeile Altmarkt 13–25 an der Westseite gelangen wir in die **Altmarkt-Galerie,** die parallel dahinter verläuft. Die Shopping-mall bietet auf drei Etagen Verkaufs-flächen für rund 200 Geschäfte. Durch den zentralen Gang erreichen wir den Ausgang zum Dr.-Külz-Ring.

Altmarkt-Galerie

Hier beginnt die **Prager Straße 7,** Flaniermeile, zentrale Geschäftsstraße und Paradebeispiel DDR-typischer Modernisierung. Die kleinteilige, gewachsene Struktur des 19. Jahrhunderts verschwand zugunsten einzelner Bauten in gewaltigen Ausmaßen und einer riesigen Freifläche. Ende der 1960er-Jahre entstanden und von Hochhäusern, Scheiben- und Rundbauten gesäumt, galt die mit 60 Metern überbreite Einkaufsmeile zunächst als ambitioniertes und geglücktes Beispiel sozialistischer Stadtplanung. Später erinnerte man sich lieber wehmütig an den Vorkriegszustand, als die elegante Prager Straße noch in einem Atemzug mit der Avenue der Champs-Elysées und dem Kurfürstendamm genannt worden war.

In der **Centrum-Galerie** erhellt dank eines Glasdachs Tageslicht die über fünf Geschosse reichende Halle des

Kristallpalast

Shoppingcenters. Umstritten war der Abriss des einst international bewunderten Vorgängerbaus, eines Klassikers der DDR-Moderne, der dem Neubau weichen musste. Dessen auffallend strukturierte Metallfassade bestand aus eloxierten Aluminiumwaben – durchaus typisch für die Kaufhausarchitektur der DDR. Ähnliche „Blechbüchsen" gab es in Berlin, Leipzig und Magdeburg; diese plastischen Aluminiumfassaden wurden allerdings selten unter Denkmalschutz gestellt.

Markante Gliederungselemente der Fußgängerzone sind die quergestellten Wasserbassins, darunter der allseits beliebte **Pusteblumenbrunnen** der Bildhauerin Leonie Wirth, der einen poetischen Akzent im Stadtraum setzt. Wie ein Ufo mitten in der Stadt wirkt dagegen der **Kristallpalast 8.** Für das Multiplexkino entwarf das Wiener Architekturbüro Coop Himmelb(l)au ein dekonstruktivistisches Gebäude, dessen seitlich geneigter gläserner Teil, nachts beleuchtet, seine größte Wirkung entfaltet. Zum benachbarten **Rundkino,** einem weiteren Beispiel der Dresdner Ostmoderne aus den 1970er-Jahren, und den streng geometrischen Plattenbauten der Prager Straße setzt der Kristallpalast einen starken Kontrapunkt.

Das Südende der Prager Straße bildet der Ende des 19. Jahrhunderts repräsentativ gestaltete **Hauptbahnhof 9.**

Ungewöhnlich macht ihn, dass er als kombinierter Durchgangs- und Kopfbahnhof funktioniert – die höher liegenden durchgehenden Gleise flankieren seitlich die Bahnsteighalle mit den Kopfgleisen. Seit der Modernisierung vereint das historische Gebäude Technik aus zwei Jahrhunderten: Für das weiße, rund 30.000 Quadratmeter große Membrandach, mit dem Gleise und Bahnsteige überspannt wurden, verwendete der Brite Sir Norman Foster, ein Star der internationalen Architekturszene, ein nur wenige Millimeter dünnes, lichtdurchlässiges Gewebe. Was sich nach Zelten in großem Stil anhört,

soll robust, reißfest und widerstandsfähig, dazu noch selbstreinigend sein. Rund 50 Jahre Lebensdauer erhofft man sich von der teflonbeschichteten Glasfasermembran. Für die Zeltkonstruktion entstand ein zweites Tragwerk über dem alten, der historische Eisenbau hätte den ungeheuren Zugkräften nicht standgehalten.

Wir folgen der Wiener Straße, biegen nach links in die Mary-Wigman-Straße und erreichen so die Grünanlage von **Bürgerwiese** und **Blüherpark.** Durch Kanalisierung und Überdeckelung wurde das Wasser aus dem Stadtbild und aus dem öffentlichen Bewusstsein verdrängt. Zu den verschwundenen Wasserläufen der Stadt zählt auch der heute teils unterirdisch verlaufende Kaitzbach. Im Süden Dresdens entspringend, führt dieser über knapp 12 Kilometer Länge von den Seen im Großen Garten bis zum Terrassenufer, wo er in die Elbe mündet. Für die Gestaltung der Bürgerwiese zum englischen Landschaftspark wurde der Kaitzbach umgeleitet – um das Terrain malerischer wirken zu lassen und den kleinen Teich mit der Fontäne zu speisen. Die industrielle Entwicklung verdrängte ihn schließlich aus dem Stadtbild.

Gläserne Manufaktur

Heute ist der „Gläserne Mensch" eine Horrorvision – jedenfalls für Datenschützer. Vor 90 Jahren war das noch anders – 1930 galt das transparente Wesen als Weltsensation. Detailliert zeigt das bekannteste Exponat im **Deutschen Hygiene-Museum 10,** wie der menschliche Körper aufgebaut ist. Per Knopfdruck leuchteten Organe, Muskeln, Blutbahnen und Nervensystem, Haut und Fleisch bestanden aus durchsichtigem Kunststoff. Das Ausstellungsstück wurde zum Exportschlager – die erste Gläserne Frau wurde 1936 für das Museum of Science in New York hergestellt und ging danach jahrelang auf Tournee durch die USA. Das 1930 eröffnete Museum beschäftigt sich mit den Themen Mensch, Körper, Gesundheit, und neben den höchst interessanten Wechselausstellungen verdient auch das Gebäude selbst einen Besuch. Der imposante kubische Mittelbau mit der großen Fensterfront nimmt die klaren Linien der Neuen Sachlichkeit auf, obwohl der renommierte Architekt Wilhelm Kreis zu den konservativen Vertretern seiner Zunft zählte und auch monumental-klassizistische Elemente integrierte.

Die **Gläserne Manufaktur 11** wurde ursprünglich für die Fertigung von Luxuslimousinen genutzt, hatte aber schon bei der Eröffnung 2001 keinerlei Ähnlichkeit mit einer vor Ölschmiere starrenden Werkstatt. Heute soll die Produktions-

stätte als „Erlebniswelt Elektromobilität" Einblick in die Zukunft des Verkehrs geben.

Die kleine dampfbetriebene **Parkeisenbahn** nebenan dagegen stammt aus einer vergangenen Ära der Mobilität. Nur die Lokführer der Dampf- oder Elektroloks sind Erwachsene, ansonsten ist die Liliputbahn fest in Kinderhand. Pro Saison sind rund 100 Mädchen und Jungen in ihrer Freizeit als Fahrdienstleiter, Schrankenposten oder Zugbegleiter auf der 5,6-Kilometer-Strecke durch den Großen Garten im Einsatz.

Sachsen
MARKT

Immer freitags findet von 8 bis 16 Uhr Dresdens größter Wochenmarkt in der Lingnerallee statt. Rund 160 Stände offerieren eine bunte Vielfalt an Produkten aus der Region und ganz Sachsen, teils in Bio-Qualität: hausgemachte Wurstsorten und Wildspezialitäten, alte Apfelsorten, Honig und Champignons, Bio-Säfte und Essig, Ziegenkäse, Rohmilchbutter und -quark, selbst gebackenes Brot und vieles mehr.

Wer auch dem Zoo im südwestlichen Teil des Großen Gartens einen Besuch abstatten will, sollte nicht gleich bei den beiden Zentauren-Skulpturen auf die zentrale Wegachse in die Parkanlage einbiegen, sondern der Lennéstraße weiter folgen, da sich der Eingang zum 13 Hektar großen Gelände an der Tiergartenstraße befindet. Rechter Hand liegt hinter dem Georg-Arnhold-Schwimmbad das **Rudolf-Harbig-Stadion 12,** dessen 60 Meter hohen Abstände füllen Flutlichtmasten, volkstümlich Giraffen genannt, für den Stadionneubau 2009 abmontiert wurden. Ansonsten wird Tradition in der Spielstätte des Dynamo Dresden noch hochgehalten: Im Fanshop gibt's neben den üblichen Shirts und Schals zur Adventszeit auch Dynamo-Schwibbögen und Christbaumsterne aus Holz.

Der 1861 gegründete **Zoo 13** mit rund 1400 Tieren zählt zu den ältesten Deutschlands. Heute sind hier Elefanten im Afrikahaus, Löwen beim Raubtierfelsen und die vom Ausster-

Großer Garten

ben bedrohten Orang-Utans besondere Attraktionen. Zu den Publikumslieblingen zählen auch Koalas, Erdmännchen und Pinguine.

Dann also ab ins Grüne: Der **Große Garten 14,** Dresdens größte und schönste Parkanlage, ist eine grüne Oase, die viel Auslauf bietet, zu Bötchenfahrten auf dem Carolasee einlädt und zur Biergartenpause oder zum Picknick auf der Wiese lockt. Bereits 1676 wurde mit der Anlage des Gartens begonnen, damals noch in einiger Entfernung vor den Toren der Stadt. Auch mit dem Bau eines Garten- und Lusthauses ließ der sächsische Kurfürst seinen Baumeister Johann Georg Starcke sogleich beginnen. Das **Palais** ist damit Sachsens frühester Barockbau. Als Mittelpunkt des Großen Gartens liegt es dort, wo sich die Sichtachsen von Haupt- und Querallee treffen. Einst für sommerliche Vergnügungen der Hofgesellschaft erbaut, zeigt das Palais heute Barockskulpturen des berühmten Bildhauers Balthasar Permoser und Werke von Kollegen. Unter späteren Kurfürsten wurde der Park erweitert und nach dem Vorbild symmetrischer französischer Gartenkunst prächtig ausgestaltet. Man ließ Marmorstatuen aufstellen, Blumenrabatten und schnurgerade Alleen anlegen, ein Wasserbassin für Wasserfeste und ein Parktheater errichten. Seine jetzige Gestalt verdankt der Park dem Lenné-Schüler Friedrich Bouché, der weite Teile der Anlage in einen englischen Landschaftsgarten verwandelte.

Der **Botanische Garten,** eine wissenschaftliche Einrichtung der Technischen Universität Dresden, kann mehr als 9000 Pflanzen im Freigelände und in den Schauhäusern vorweisen. Vorwiegend geografisch gegliedert, lädt er zur Weltreise durch Kontinente und Klimazonen ein.

Östlich des Großen Gartens stehen im Stadtteil Reick zwei Gasometer – der kleinere stammt von 1880, der gewaltige große Speicher wurde Anfang des 20. Jahrhunderts als 67 Meter hoher Rundbau in der damals noch neuen Stahlskelett-bauweise errichtet. Beide sind bedeutende Zeugnisse grün-derzeitlicher Industriekultur. Was könnte für ein rundes Ge-bäude idealer sein als ein Rundgemälde? Den stabilen älteren Ziegelbau hat der Berliner Künstler Yadegar Asisi zum Aus-stellungsbau für 360-Grad-Panoramen umgebaut. Rund um eine zwölf Meter hohe Aussichtsplattform werden im **Pano-meter 15** wechselnde Rundgemälde angebracht, Lichteffek-te und eingeblendete Töne simulieren einen Tagesablauf. Beim gigantischen Panoramabild „Dresden 1756" oder bei „Dresden 1945" werden Besucher zu Zeitreisenden, daneben existieren unter anderem „Great Barrier Reef", „Amazonien", „Rom 312" und „8848Everest", die unter Dresden, Berlin, Leipzig und weiteren Schauorten ausgetauscht werden.

Panometer

Start: Augustusbrücke, 01067 Dresden (GPS: 51.055162, 13.739482)
Ziel: Waldschlösschen, Am Brauhaus 8 b, 01099 Dresden
Länge: 7 Kilometer
Dauer: 2 Stunden
ÖPNV: Haltestelle Theaterplatz, Tram 4, 8, 9; Ein- und Ausstiegspunkte unterwegs: Haltestelle Nordstraße, Diakonissenkrankenhaus, Pulsnitzer Straße; Rückkehr zum Ausgangspunkt: Haltestelle Waldschlösschen, Tram 11, umsteigen am Albertplatz in Tram 8
Parken: Tiefgarage Semperoper, Devrientstraße 1

Unterwegs entdeckt:

1 Augustusbrücke
2 Canaletto-Blick
3 Japanisches Palais
4 Königstraße
5 Dreikönigskirche
6 Societaetstheater
7 Albertplatz
8 Hauptstraße
9 Neustädter Markthalle
10 Kügelgenhaus
11 Goldener Reiter
12 Sächsisches Staatsministerium für Finanzen
13 Sächsische Staatskanzlei
14 Rosengarten
15 Waldschlösschenbrücke

Essen + Trinken:

In der Inneren Neustadt gibt es gleich mehrere Einkehrmöglichkeiten, vom Brauhaus über Cafés bis zu Restaurants mit sächsischer oder internationaler Küche. Zwei besondere Tipps: Unterhalb vom Blockhaus öffnet das Hotel Bilderberg Bellevue im Sommer mit dem **Elbsegler** einen Biergarten, der mit Planken, Reling und Segeln an eine Jacht erinnert (Große Meißner Straße 15, Tel. 03 51/80 50, www.bilderberg-bellevue-dresden.de/biergarten-elbsegler/). Das Altstadtpanorama gibt's auch auf der anderen Seite der Brücke im **Augustus Garten,** dem Biergarten am Narrenhäusel, gratis zum Bier oder Kaffee (Wiesentorstraße 2, Tel. 03 51/4 04 55 31, www.augustusgarten.de).

Barockviertel mit Flair

Wer über die Augustusbrücke zum anderen Elbufer spaziert, überquert nicht nur den Fluss, sondern auch den grünen, kilometerlangen Ufersaum – Dresdens großen Pluspunkt. Nur vom hochgemauerten Terrassenufer gegenüber blickt man wie von einer Bühnenrampe auf den Fluss, ansonsten fließt die Elbe durch weiträumige, an manchen Stellen bis zu 400 Meter breite Uferwiesen. Zu Beginn des 20. Jahrhunderts sahen schon recht konkrete Pläne die Anlage breiter Hochuferstraßen vor, welche den Fluss kanalisieren und die hinter den Dämmen liegenden Flächen zum Bauland machen sollten. Glücklicherweise entschied man sich in Dresden für Überflutungsflächen statt Mauern. Ein westdeutsches Wirtschaftswunder hätten die rund 1000 Hektar Uferrand aber wohl nicht überlebt. Thomas Rosenlöcher schrieb über die heute so geschätzten Wiesen mitten in der Stadt, „hätten wir gleich den Westen gehabt, wäre manches gerettet worden, aber die Elbaue sicher längst zubetoniert".

Die **Augustusbrücke 1**, Dresdens älteste Überführung, verbindet Altstadt und Neustadt miteinander. In der ersten Hälfte des 18. Jahrhunderts ließ August der Starke ein früheres Bauwerk nach dem Vorbild der Prager Karlsbrücke erneuern und verbreitern – so entstand eine der schönsten Barockbrücken Europas. Anfang des 20. Jahrhunderts wurde der alte Viadukt mit seinen 24 (später 17) Bögen erneut abgetragen und ein schifffahrtstauglicher Neubau beauftragt. Das rund 390 Meter lange Bauwerk mit nur noch neun Bögen lehnt sich aber eng an den früheren Entwurf an.

Neustädter Elbufer

Unterhalb der Brücke locken Spazierwege, Elbwiesen und Biergärten, daher nehmen wir die Treppe an der flussabwärts gelegenen Seite. Gleich ein erstes Highlight dieses Spaziergangs wartet am Flussufer – eröffnet sich doch von hier der berühmte **Canaletto-Blick 2** auf die Dresdner Stadtsilhouette jenseits der Elbe.

Milchpavillon am Neustädter Elbufer

1748 malte Bernardo Bellotto, genannt Canaletto, „Dresden vom rechten Elbufer unterhalb der Augustusbrücke", heute sein bekanntestes Gemälde. Etwa auf der Höhe des **Glocken-spielpavillons** hatte der Vedutenmaler die Altstadtkulisse einst auf die Leinwand gebannt, näher an der Augustusbrücke rückt ein roter Metallrahmen die Stadtansicht „ins Bild" – ein beliebtes Fotomotiv, das nicht nur tagsüber, sondern auch abends im stimmungsvollen Schein der Lichter in seinen Bann zieht. Denn die Reihe der Baudenkmäler gibt sich sozusagen unverändert – wer das in der Alten Gemäldegalerie überprüfen möchte, kann sich das Bild dort anschauen.

Japanisches Palais

In einer kleinen Grünanlage vor der Marienbrücke steht das **Japanische Palais 3,** das als barockes „Porzellan-schloss" den architektonischen Visionen Augusts des Starken entsprang. Eines seiner Projekte war es, die Elbe durch den Erwerb und Ausbau mehrerer Schlösser zu einer architektonisch wirkungsvoll gefassten Wasserstraße auszubauen. Es entstand ein Palais mit Bauschmuck im Stil der

im 18. Jahrhundert in Europa so beliebten Asien-Mode, etwa die geschwungenen Dächer, die dem Gebäude seine charakteristische Silhouette geben. Dach und Fassade des spätbarock-klassizistischen Vierflügelbaus sollten ursprünglich ganz mit Porzellan verkleidet werden, eine der extravaganten Ideen des Kurfürsten, die allerdings nicht verwirklicht wurde. Heute beherbergt das 1945 ausgebrannte und nach dem Krieg wiederaufgebaute Bauwerk das Museum für Völkerkunde mit dem berühmten Damaskuszimmer, die Senckenberg Naturhistorischen Sammlungen und Ausstellungsflächen für Sonderschauen aller 15 Museen der Staatlichen Kunstsammlungen Dresden.

Im Palaisgarten ist noch ein Stück der alten Stadtmauer zu entdecken.

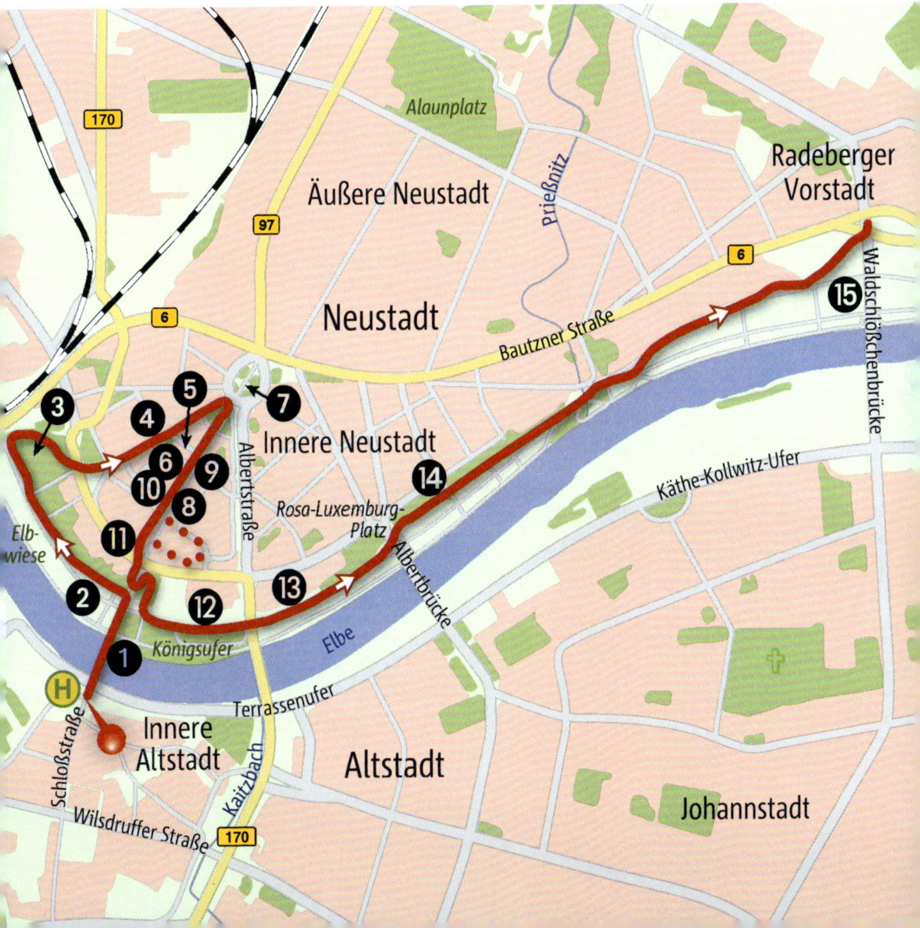

3 INNERE NEUSTADT

Dreikönigskirche

Über den **Palaisplatz,** den sich August der Starke als repräsentatives Rondell wünschte, gelangen wir zur prächtigen **Königstraße 4,** einer der schönsten Barockstraßen Deutschlands, die der Herrscher als breite Allee mit großzügiger Breite anlegen ließ. Nach dem großen Stadtbrand 1685 sollte Altendresden, der rechtselbische älteste Teil Dresdens, als „Königsstadt" mit symmetrischem Straßenmuster wiedererstehen. Nachdem das Terrain für die Prachtstraße baureif gemacht worden war, entstanden die meisten Häuser in den 1730er-Jahren. Die Bauplätze rechts und links verschenkte August, gab aber strenge Regularien für Geschosshöhen und Fassaden vor, um ein einheitliches Straßenbild zu gewährleisten.

Seit den umfangreichen Restaurationsarbeiten ist die ganze Straßenflucht in alter Pracht wiederauferstanden und die Königstraße mit den benachbarten Straßen Rähnitzgasse und Obergraben das Vorzeigequartier der Inneren Neustadt. Schicke Modeboutiquen und Schuhgeschäfte der gehobenen Preisklasse, Galerien und Feinkostläden locken eine zahlungskräftige Klientel und machen die Königstraße zu Dresdens feinster Adresse. Daneben residiert hier auch das Luxushotel **Bülow Palais** mit dem Gourmetrestaurant Caroussel Nouvelle.

Viele Häuser besitzen restaurierte oder neu gestaltete Innenhöfe und Durchgänge; sie verbinden die Königstraße zum Teil mit den benachbarten Gassen. Das etwas zurückversetzt gelegene Haus Wallgässchen Nummer 4 wurde zur **Prisco-Passage** mit mehreren Geschäften und Restaurants umgebaut, und die **Passage Königstraße** führt zur Rähnitzgasse. Dort hat in Nummer 8 mit dem **Kunsthaus Dresden** die Städtische Galerie für Gegenwartskunst ihr Domizil, die in wechselnden Ausstellungen Themen des aktuellen Kunstgeschehens präsentiert.

Am Bau der in der ersten Hälfte des 18. Jahrhunderts errichteten **Dreikönigskirche 5** waren herausragende Bau-

meister beteiligt: Unter der Leitung von Zwingerarchitekt Matthäus Daniel Pöppelmann wurde die barocke Kirche erbaut; der knapp 90 Meter hohe Turm wurde erst im 19. Jahrhundert ergänzt. Für die Gestaltung des Innenraums wurde George Bähr hinzugezogen, der Baumeister der Frauenkirche. Beim Wiederaufbau nach 1945 wurde die Kirche um ein Tagungs- und Gemeindezentrum erweitert. Im Innern der Kirche ist der „Dresdner Totentanz" aus der Renaissancezeit sehenswert, ein über 12 Meter langes Sandsteinrelief, das die Vertreter aller Stände zeigt, angeführt vom großen Gleichmacher Tod. Für den Rundblick vom Turm (Aussichtsplattform in 45 Metern Höhe) auf die umliegende Neustadt und das Altstadtpanorama sollte man sich durchaus die Zeit nehmen.

Am benachbarten **Societaetstheater 6** kann man nicht nur im Sommer auf der Terrasse des Cafés sitzen, an schönen Tagen wird der kleine Kräutergarten mit barockem Pavillon und Quittenbäumchen auch zum zusätzlichen Spielraum. Im barocken Theatergebäude wendet sich das Ensemble mit Sprech-, Tanz-, Musik- und Figurentheater bevorzugt Themen der Gegenwart zu.

Die Königstraße endet am **Albertplatz 7**, einem Verkehrsknotenpunkt mit großer Tramhaltestelle zwischen Innerer und Äußerer Neustadt. Nur die beiden Brunnen vom Ende des 19. Jahrhunderts – „Stilles Wasser" und

Albertplatz

„Stürmische Wogen" – erinnern an die einstige Gestaltung des Rundplatzes mit seinen strahlenförmig abzweigenden Straßen, der früher als einer der schönsten Deutschlands galt. Nördlich des Platzes steht das **erste Hochhaus Dresdens,** 1929 für die Sächsische Staatsbank errichtet. Jahrelang hatten in dem elf Geschosse und knapp 40 Meter hohen Gebäude die Dresdner Verkehrsbetriebe ihren Sitz, daher wird das

3 INNERE NEUSTADT

Hauptstraße

Haus auch „DVB-Turm" genannt. Der Stahlbeton-Skelettbau im Stil der Neuen Sachlichkeit markierte den architektonischen Aufbruch Dresdens von den historischen Gründerzeitvillen zur modernen Großstadt. Heute eingezogen ist unter anderem ein Museum zum Alltag hinter dem „Eisernen Vorhang": Die Welt der DDR.

Gleich zwei Denkmäler am Albertplatz – an der Ecke zur Alaunstraße ein Bücherstapel mit dem Hut des Dichters darauf, an der Gartenmauer zur Villa Augustin der Schriftsteller als kleiner Junge – erinnern an Erich Kästner. Sein Onkel Franz, ein erfolgreicher Pferdehändler, erwarb 1915 das „Villa Augustin" genannte Haus an der Antonstraße; sein Neffe beobachtete von der Gartenmauer aus das lebhafte Treiben auf dem Albertplatz, den Automobile, Passanten und Straßenbahnen kreuzten. Im interaktiven **Erich Kästner Museum** sind heute Erstausgaben, Briefe und Erinnerungsstücke des Kinderbuchautors, Journalisten, Dichters, Kabarettisten und Drehbuchschreibers in Schubladen und Kästen verstaut, die man herausnehmen kann. In der „begehbaren Schatzkiste", vom irischen Architekten Ruairi O'Brien gestaltet, ist jeder Besucher eingeladen, spielerisch sein eigenes Kästner-Bild zu kreieren.

Vom Albertplatz aus wenden wir uns zurück Richtung Elbe und biegen in die Neustädter Hauptstraße ein. Als „schönste und freundlichste Straße Dresdens" beschrieb Wilhelm von Kügelgen im 19. Jahrhundert die Neustädter Allee, die heute **Hauptstraße 8** heißt und seit den 1970er-Jahren ein großzügiger Fußgängerboulevard mit Brunnen, Bänken und viel Grün ist. Auch sie wurde als Teil der barocken Neustadt im 18. Jahrhundert unter August dem Starken angelegt – als zweite Achse (neben der Königstraße) der symmetrisch gestalteten Neustadt ist sie 500 Meter lang und am Albertplatz 30 Meter, bis zum Neustädter Markt 50 Meter breit.

Linker Hand der freundlichen Flaniermeile, gegenüber der Dreikönigskirche, steht die 1899 an der Stelle einer Kaserne erbaute **Neustädter Markthalle 9,** mit gusseisernen Säulen, Eisentreppen und umlaufender Galerie ein Schmuckstück der Gründerzeit-Architektur. Außen wurde die Stahlkonstruktion von Mauerwerk aus Sandstein verkleidet. Auf mehreren Etagen beherbergt die Markthalle rund ein Dutzend recht unterschiedliche Einzelhändler und einen Supermarkt.

Neben neueren Bauten gibt es sechs historische Bürgerhäuser älteren Datums, unter anderem das Haus Nummer 13: Das **Kügelgenhaus 10** wurde nach dem großen Brand 1685 als zweigeschossiges Barockgebäude errichtet und ab 1750 auf vier

Markthalle

Stockwerke plus Dachmansarde erweitert. Die Rokokofassade trägt in großen Buchstaben entlang des gesamten Sims den Spruch „An Gottes Segen ist alles gelegen". Hier befand sich in der zweiten Etage lange Jahre die Wohnung des Malers Wilhelm von Kügelgen, in der er zu Beginn des 19. Jahrhunderts lebte und illustre Gäste wie Ludwig Tieck, Caspar

Kügelgenhaus

David Friedrich und Carl Maria von Weber empfing. Goethe besuchte im April 1813 die Familie Kügelgen und beobachtete vom Fenster aus den Einzug des russischen Kaisers Alexander. Das Gottessegenhaus ist heute Domizil des Museums zur Dresdner Frühromantik.

Restauriert sind auch die barocken Bürgerhäuser an der Hauptstraße Nummer 9 bis 19. Bei der aufwendigen Rekonstruktion wurden Innenhöfe und Durchgänge der Häuserzeile wieder geöffnet. Wie der Name **Kunsthandwerkerpassagen** schon ahnen lässt, pflegen Handwerker hier in kleinen Läden althergebrachte sächsische oder ganz moderne Handwerkskünste.

Am Ende der boulevardartig breiten Allee mit alten Platanen begrüßen uns nicht nur eine Eisdiele und ein Ableger des Ball- und Brauhauses Watzke, sondern auch August der Starke als der **Goldene Reiter 11.** Im Gewand eines römischen Caesaren thront der Kurfürst auf seinem Ross. Das mit Blattgold überzogene Reiterstandbild, die bekannteste Skulptur Dresdens, zeigt auf einem hohen Sockel den sächsischen Kurfürsten als Herrscher in absolutistischer Pose – mit Blick Richtung Polen.

Die Hauptstraße endet am sogenannten **Neustädter Markt,** dessen Neugestaltung mit Wohnbebauung in den 1970er-Jahren erfolgte. Diese Plattenbauten, auch an der Hauptstraße, wur-

Goldener Reiter

den inzwischen schrittweise saniert und durch vorgeblendete Balkonfassaden auch optisch aufgewertet. Das im Zweiten Weltkrieg zerstörte Blockhaus ist das einzige nach 1945 wiederaufgebaute Gebäude am Neustädter Markt. Das Mitte des 18. Jahrhunderts erbaute Neustädter Rathaus etwa, einst das dominierende Bauwerk am Platz, wurde nicht wiederhergestellt. Die **Blockhaus** genannte Neustädter Wache stammt aus der Zeit des Brückenumbaus; eigentlich war eine spie-

Finanz- und Kultusministerium

gelbildliche Doppelanlage links und rechts der Brücke geplant, doch der strenge Kubus mit Dreiecksgiebel blieb ein Solitär. Nach Hochwasserschäden im Sommer 2013 wurde das Gebäude saniert und innen zum modernen Museum umgebaut. Im Laufe des Jahres 2023 zieht hier das Archiv der Avantgarden ein – die Sammlung umfasst mehr als eine Million Kunstgegenstände der Arte Povera, Land Art und Konzeptkunst, die der Unternehmer Egidio Marzona dem Freistaat Sachsen schenkte.

Wer sich für bäuerliche Möbel und Erzeugnisse ländlichen Handwerks, wie Korbmacher und Blaudrucker, Klöppler und Zinngießer, Weber und Schreiner sowie traditionelle Volkskunst aus dem Erzgebirge, vor allem Lichterpyramiden und Nussknacker, interessiert, macht noch einen Abstecher zum nahen **Museum für Sächsische Volkskunst im Jägerhof.** Es ist im ältesten Haus der Neustadt, einem der wenigen Gebäude der Renaissancezeit untergebracht.

Durch die Fußgängerunterführung gelangen wir von der Hauptstraße wieder zur Augustusbrücke. An den Wänden sind drei Reliefs mit Stadtgrundrissen zu entdecken, die Dresden im 17. und 18. Jahrhundert zeigen, sowie ein viertes Relief mit der Neustädter Hauptstraße vor der Zerstörung.

Über eine Treppe geht es auf der flussaufwärts gelegenen Seite wieder auf die Elbwiesen. Unter der Carolabrücke hindurch spazieren wir weiter flussaufwärts am Elbufer entlang, das hier **Königsufer** heißt. Etwas Vorsicht ist angebracht, nutzen den asphaltierten Weg doch Radler und Fußgänger gemeinsam. Und beim ersten Sonnenstrahl hält es niemanden im Haus. Mit Kind und Kegel, Picknicktasche oder Ballspiel, zu Fuß, auf Inlinern oder mit dem Rad strömen die Dresdner ins Freie – am liebsten zu den grünen Elbwiesen. Ob als Futterweide für Schafe oder Bühne für die allsommerlichen Open-Air-Filmnächte – die Elbwiesen werden gern und intensiv genutzt. Um Feste zu feiern, zum Spielen, Sonnenbaden und Drachensteigenlassen sind die Elbwiesen ohnegleichen und einzigartig für das Lebensgefühl.

Das Verwaltungsgebäude des sächsischen **Finanzministeriums 12** im Stil der Neorenaissance wie auch die klassizistisch-neobarocke Sächsische Staatskanzlei jenseits der Brücke, in der die Landesregierung residiert, wurden um die Wende vom 19. zum 20. Jahrhundert erbaut. Die beiden repräsentativen „Beamtenburgen" direkt an den Elbwiesen entstammen dem Späthistorismus. Das 50 Quadratmeter große Giebelbild aus bunten Majolikafliesen am Finanzmi-

Königsufer

Waldschlösschenbrücke

nisterium zeigt die in Landesfarben gekleidete Saxonia, umgeben von Figuren, die Einnahmen von verschiedenen Gerwerken und Ausgaben des Landes für Baumaßnahmen, Kunst und Bildung darstellen.

Die Treppen unterhalb bilden in den Sommermonaten die abendliche Zuschauertribüne für die Filmnächte am Elbufer, Deutschlands größtes Freilichtkino-Festival. In den letzten Jahren zogen die Filmnächte über 200.000 Zuschauer an, neben Filmaufführungen finden auch Konzerte statt. Hinter der Carolabrücke taucht das gewaltige Gebäude der **Sächsischen Staatskanzlei 13,** auch Gesamtministerium genannt, mit der vergoldeten Krone auf der Spitze des Hauptturms auf. Sie ist der Sitz der Landesregierung und des sächsischen Ministerpräsidenten. Auch hier bietet sich ein wunderbarer Blick auf das Altstadtpanorama.

Weiter geht es an der Elbe entlang durch den **Staudengarten,** mit der Plastik des **Bogenschützen** auf einem Sand-

steinsockel, der nur eines von vielen Kunstwerken ist, die am Neustädter Elbufer zu sehen sind. Hinter der Albertbrücke schließt sich am Carusufer der denkmalgeschützte **Rosengarten 14** an, der zur Gartenbauausstellung 1936 angelegt wurde. In der durch mehrere Querachsen gegliederten Anlage auf rund drei Hektar sind weitere Skulpturen und um die 100 Rosensorten zu bewundern, außerdem lädt das Café Rosengarten zur Rast auf der Terrasse ein. Bald darauf gelangen wir zur Prießnitz-Mündung und zur Fähre, mit der man zum Fährgarten Johannstadt übersetzen könnte, einem weiteren der vielen schönen Dresdner Biergärten mit Elbblick. Bei der umstrittenen **Waldschlösschenbrücke 15,** deren Bau Dresden den Welterbestatus kostete, geht es hinauf zur Tramhaltestelle unterhalb des Brauhauses Waldschlösschen, das mit schöner Biergarten-Terrasse und weitem Blick über die Elbe punkten kann.

Der Elbe-
RADWEG

Mehr als 1000 Kilometer ist die Elbe lang, von der Quelle im Riesengebirge bis zur Mündung in die Nordsee bei Cuxhaven. Die deutsche Kilometrierung zählt allerdings erst ab der tschechischen Grenze, ihr Beginn ist gleichzeitig der tschechische Kilometer 105,81. Fast am ganzen Flusslauf entlang, vom tschechischen Oberlauf bis zur Unterelbe jenseits von Hamburg, kann geradelt werden. Schon mehr als ein Dutzend Mal wurde der Elbe-Radweg in Umfragen des Allgemeinen Deutschen Fahrrad-Clubs zum beliebtesten Radfernweg gewählt. Auf rund 30 Kilometern fließt die Elbe durch Dresden, und auf dem Radweg am rechten und linken Ufer sind auch Fußgänger und Wanderer unterwegs. Am Wochenende, wenn viel los ist, kommen sie sich schon mal ins Gehege. In der Stadt wird über einen parallelen Ausbau wie auch über ein Tempolimit nachgedacht, weil Konflikte und Unfälle zugenommen haben und Spaziergänger zunehmend auf Trampelpfade durch die Wiesen ausweichen.

Start: Albertplatz, 01097 Dresden (GPS: 51.063210, 13.746276)
Ziel: Militärhistorisches Museum der Bundeswehr, Olbrichtplatz 2, 01099 Dresden
Länge: 8 Kilometer
Dauer: 2 Stunden
ÖPNV: Haltestelle Albertplatz, Tram 6, 7, 8, 11; Ein- und Ausstiegspunkte unterwegs: Haltestelle Diakonissenkrankenhaus, Görlitzer Straße, Bischofsweg, Tannenstraße; Rückkehr zum Ausgangspunkt: Haltestelle Stauffenbergplatz, Tram 7, 8, 11
Parken: Parkplatz Bautzner Straße 2 oder Parkhaus Bautzner Straße 29

Unterwegs entdeckt:

1 Artesischer Brunnen
2 Martin-Luther-Platz
3 Alter Jüdischer Friedhof
4 Pfunds Molkerei
5 Louisenstraße
6 Kunsthofpassage
7 Schauburg
8 Theaterruine
9 Alaunpark
10 Militärhistorisches Museum

Essen + Trinken:

In der Äußeren Neustadt reihen sich Cafés, Sushi-, Burger- und Döner-Imbisse und Lokale jeglicher Art wie Perlen aneinander – keine Überraschung, führt uns der Spaziergang doch ins Ausgehviertel Dresdens. Zwei besondere Tipps: Im **Raskolnikoff,** einer der Kultkneipen der ersten Stunde, kommt auch gutes Essen auf den Tisch – im Sommer im Garten (Böhmische Straße 34, Tel. 03 51/8 04 57 06, www.raskolnikoff.de). Die Äußere Neustadt kann nicht nur Döner und Currywurst, Pizza und vietnamesische Pho-Suppe, sondern auch richtig fein: Im **Villandry** (Jordanstraße 8, Tel. 03 51/30 97 28 77, www.villandry-dresden.de) wird abends raffinierte Küche aufgetischt, von Jakobsmuscheln über Lammkarrée bis zu Seeteufel.

Bunte Republik Neustadt

Das lebhafte Szeneviertel jenseits des Albertplatzes ist vor allem bekannt durch buntes Nachtleben, schräge Lokale und Geschäfte sowie das alljährlich im Juni stattfindende Stadtteilfest der „Bunten Republik Neustadt". Farbenprächtige Graffiti künden allerorten davon, dass dieser Teil Dresdens nichts Museales hat. Die vielen Altbauten zwischen Albertplatz und Alaunpark bilden das größte zusammenhängende Gründerzeitviertel der Stadt und fungieren zugleich vor allem als Biotop für Lebenskünstler und Subkulturen, auch wenn die Gentrizierung manchem schon zu weit geht. Gleich mehrere Hostels in diesem Viertel haben sich auf junge Besucher mit knappem Budget eingestellt. Denn in den Clubs und Kneipen der Nachbarschaft lässt sich ohnehin die Nacht zum Tag machen.

Das Viertel zwischen Bischofsweg, Königsbrücker, Bautzner und Prießnitzstraße bietet die größte Dichte an Kneipen und Bars, an Szeneläden und improvisierten Biergärten in Hinterhöfen oder auf Freiflächen. Dazwischen ein bunter Mix aus Hinterhofwerkstätten und preiswerten Hostels, spezialisierten Buchhandlungen und Skateboardgeschäften, Bioläden und Imbissen. Auch bei der Namensgebung wird man kreativ im Kiez, die Kneipe heißt Planwirtschaft, das Tattoostudio Inkerei, ein Restaurant Lila Soße, das Fahrradgeschäft Radschlag, die Secondhand-Boutique Chicsaal, der Plattenladen Zentralohrgan und der Optiker Eyesdiele. Und wer abends ausgehen will, geht in die Äußere Neustadt – wenn anderswo längst Ruhe eingekehrt ist, pulsiert hier noch das Nachtleben.

Wir starten am Albertplatz und werfen vor der eigentlichen Tour noch einen Blick auf das kleine Rundtempelchen an der Einmündung der Königsbrücker Straße. Dieser **Artesische Brunnen** 1 wurde in den 1830er-Jahren gebohrt, um die Neustadt mit Wasser zu versorgen. Weil das Wasser fast 18°C warm durch natürlichen Druck aus der Tiefe steigt, sprudelt der Brunnen auch im Winter. Zu Beginn des 20. Jahrhunderts setzte Hans Erlwein den zierlichen Rundbau mit Säulen darüber. In seiner Amtszeit prägte der einflussreiche Stadt-

Artesischer Brunnen

baurat mit weit über 100 Bauten wesentlich das Stadtbild Dresdens. Während er für seine Zweckbauten – die Speicherhäuser nahe dem Landtagsgebäude, Schulen, Feuerwachen, Wasserwerk Hosterwitz und Kläranlage Kaditz, das Italienische Dörfchen, den Schlachthof – Klarheit und Schlichtheit beanspruchte, gab er hier dem Historismus den Vorzug und entschied sich für einen „Monopteros" – der kunsthistorische Fachausdruck aus dem Griechischen bezeichnet einen Rundbau mit Säulen.

Wer noch nicht gefrühstückt hat, kann das im beliebten Café Oswaldz (Bautzner Straße 9) nachholen. Daneben gibt es bei art+form (Bautzner Straße 11) tolle Kalender, Postkarten und Papeterie. Ein paar Schritte zurück Richtung Albertplatz, dann biegen wir beim Erich-Kästner-Denkmal (siehe Spaziergang 3) von der Bautzner Straße in die Alaunstraße ab. In dieser zentralen Lebensader der Äußeren Neustadt reihen sich Läden und Lokale aneinander, dort ist auch die **Scheune** nach wie vor alteingesessenes Kulturzentrum und Mittelpunkt vieler Aktivitäten. Wir folgen der Alaunstraße, die ihren Namen dem einst hier gewonnenen Färbehilfsmittel Alaunsalz verdankt, ein Stück weit Richtung Norden, biegen an der gut sortierten Weinhandlung Ellen Bethe nach rechts in die Böhmische Straße und überqueren auf ihr auch die Rothenburger Straße. Vorbei geht es an der Neustadt-typischen Mischung aus Nagelstudio und Dessous-Boutique, Musikclub und Kneipe. Außen blieb die Fassade des Raskolnikoff (Nummer 34) als eine von wenigen im Viertel bewusst unrenoviert und erinnert so noch an die Mangelwirtschaft zu Ostzeiten, als sich „gerade durch den Verfall auch unkontrollierte Nischen und Freiräume ergaben", heißt es auf der Website des Raskolnikoff, Kneipe, Café, Restaurant, Pension und Galerie zugleich.

Jüdischer Friedhof

Ein paar Häuser weiter ist der **Martin-Luther-Platz 2** erreicht, beherrscht von der gleichnamigen **Martin-Luther-Kirche** in seiner Mitte, die Ende des 19. Jahrhunderts als neoromanischer Bau mit neugotischem Turm errichtet wurde. Auch diesen ruhigen Platz säumen drei Bars und Cafés, vor allem aber das neugierig machende Institut für Gute Laune und die Hatikva, die Bildungs- und Begegnungsstätte für jüdische Geschichte und Kultur in Sachsen. Gleich nebenan liegt an der Pulsnitzer Straße der **Alte Jüdische Friedhof 3,** ein stiller, von Pflanzen überwucherter melancholischer Winkel, der glücklicherweise auch die Zeit des Nationalsozialismus überstanden hat. Mitte des 18. Jahrhunderts angelegt und bis

Pfunds Molkerei

1868 als Grabstätte genutzt, ist er heute der älteste erhalten gebliebene jüdische Friedhof Sachsens (Besichtigung nur nach Anmeldung möglich, Männer mit Kopfbedeckung, Tel. 03 51/8 02 04 89, Begegnungsstätte Hatikva).

Von der Martin-Luther-Kirche aus sind es nur ein paar Schritte zu **Pfunds Molkerei** 4. Der „schönste Milchladen der Welt" in der Bautzner Straße 79 steht unter Denkmalschutz, und weil hier die Busse der Stadtrundfahrten halten, drängen oft ganze Reisegruppen in den vollständig mit Jugendstilkacheln ausgekleideten Laden. Die handgemalten farbigen Fliesen, auf denen Engel und Putten ein Lob der Milch

Geschäftsinhaber Pfund entwickelte auch eine erfolgreiche Milchseife.

singen, kann man vor lauter Besucherandrang kaum in Ruhe betrachten. Die Firma Villeroy & Boch fertigte 1892 die detail- und ornamentreiche Ladenausstattung – damals war die Steingutfabrik in Dresden ansässig. Paul Gustav Leander Pfund, der das Fliesenkunstwerk in Auftrag gegeben hatte, war der erste, der Kondensmilch herstellte und die Pasteurisierung der Milch einführte, wofür er den Titel Königlich Sächsischer Kommerzienrat erhielt. Sein Unternehmen wuchs weit über einen kleinen Milchladen hinaus.

Im ersten Stock gibt es ein Restaurant, im Laden selbst Stehtische für einen Imbiss, und es wird im Kachelkunstwerk tatsächlich auch Käse verkauft. Weil viele Touristen den wirklich außerordentlich sehenswerten Laden ansteuern, zogen in den letzten Jahren in die Nachbarschaft auch andere Läden mit kulinarischem oder ostalgischem Angebot, die Kaffeerösterei Phoenix Coffeeroasters etwa und eine Bürstenmanufaktur, eine Keramikwerkstatt und ein Senfladen. Die Hostienbäckerei gegenüber dagegen produziert schon seit 1866 die Oblaten mit christlichen Symbolen. Zur Diakonissenanstalt gehörig, werden von hier aus Gemeinden auch über Sachsen hinaus beliefert, in Berlin, Brandenburg und Thüringen.

Ein Stück weiter stadtauswärts biegen wir von der Bautzner Straße nach links in die Prießnitzstraße. Sie ist benannt nach dem parallel verlaufenden Flüsschen, dessen Mündung in die Elbe man beim Spaziergang 3 passiert. Obwohl die in

der Dresdner Heide, dem großen Landschaftsschutzgebiet, entspringende Prießnitz nur etwas mehr als 25 Kilometer lang ist und ihr Wasser teils im sandigen Boden gleich wieder versickert, überflutete sie beim Jahrhunderthochwasser 2002 Teile der Neustadt. Wir folgen der Prießnitzstraße und passieren dabei das Travestie- und Revuetheater Carte Blanche und das benachbarte Backstage Hotel. Am Stadtteilhaus Dresden − Äußere Neustadt, einem Jugendzentrum, biegen wir nach links in die Louisenstraße.

Auch die Geschäfte und Gaststätten der belebten **Louisenstraße 5** und ihrer Querstraßen wie zum Beispiel Kamenzer, Görlitzer, Rothenburger Straße und Jordanstraße spiegeln die bunte Mischung der Viertelsbewohner: Blue Note Jazzclub, Thalia-Programmkino, das Projekttheater und mehrere Buchhandlungen stehen für die intellektuellen und kulturellen Bedürfnisse. Hochwertige Fahrräder und feine Esslokale wie das Villandry symbolisieren steigende Qualitäts-

Louisenstraße

Kunsthofpassage

ansprüche, Clubs, Lounges und Bars die Lust am Feiern und Hinterhofbiergärten die Freude am Improvisieren. Dazwischen spezialisieren sich Curry & Co. oder Suppenbar mit Ramen oder Pho auf den schnellen Hunger, das Zentralorgan auf Platten- und der Malkasten auf Künstlerbedarf. Logenplätze mit Blick auf das Ganze bietet das Café Blumenau in Nummer 67, das sich schon zum Frühstück füllt.

Wir folgen der Louisenstraße bis zur zweiten zentralen Achse des Viertels, der kreuzenden Alaunstraße, und wenden uns nach rechts. Hinter den Hausnummer 68 und 70 versteckt sich die **Kunsthofpassage** 6. In mehreren bunt und fantasievoll gestalteten Hinterhöfen zwischen Görlitzer und Alaunstraße gibt es hübsche Läden, die feine Schokolade oder Tee offerieren, handgearbeiteten Schmuck oder farbenfrohe Mode anbieten, dazwischen auch beliebte Lokale wie das Lila Soße.

Hinter den Gründerzeitgebäuden tut sich eine andere Welt auf: Mit Fassadenkunst und Wasserspielen, mit Farbe und kreativen Ideen, etwa Giraffen oder Trompeten an Häuserwänden, wurde hier ein Ambiente à la Hundertwasser geschaffen. Vier verwinkelte Innenhöfe – Hof der Fabelwesen, Hof der Elemente, Hof des Lichts, Hof der Metamorphosen – laden zum Bummeln oder zu einer Pause ein. Alle halbe Stunde tritt das Fassaden-Wasserspiel im Hof der Elemente in Aktion. Wassermusik, da kann man an Händel denken oder auch an die Comedian Harmonists und ihre „Regentropfen, die an Fenster klopfen". Instrumente an der Hauswand, die das Wasser geradewegs aus dem Himmel ableiten, liegen nicht unbedingt auf der Hand. In den Kunsthofpassagen sind aber gerade die trompetenförmigen Trichter, die sich an einer meerblauen Fassade emporranken, ein Besuchermagnet und beliebtes Fotomotiv. Schmuckstück eines ganzen Viertels? Es begann 1997 mit dem „Hof der Fabelwesen", gestaltet mit bunten, in den Putz eingelassenen Mosaik-Gebilden aus italienischen Ornamentfliesen, portugiesischen Majoliken und Meißner Keramik. Später wurden mehrere Höfe verbunden, junge Künstler gestalteten auch dort die Hauswände. Kreativ, farbenfroh und kontrastreich: Im „Hof der Metamorphosen" verwandeln sich zwei hohe rostige Schilde in der Dämmerung in schlanke Lichtsäulen. Im benachbarten „Hof der Tiere" reckt

Fünf einzelne Höfe bilden zusammen den Kunsthof.

eine Giraffe aus Elbsandstein ihren Hals vor grünem Putz in die Höhe, sehen die Balkone aus wie afrikanische Schwalbennester und springt eine Affenherde von Fenster zu Fenster.

Wir verlassen die Passage durch den Ausgang zur Görlitzer Straße und folgen dieser in nördlicher Richtung bis zum Alaunplatz, auf dem dienstags, donnerstags und samstags ein Wochenmarkt stattfindet. Den Alaunpark lassen wir zunächst unbeachtet und folgen nach links dem **Bischofsweg,** vorbei am Café Fräulein Lecker, der veganen Fleischerei und am Salsaclub Bailamor bis zur Kreuzung mit der Königsbrücker Straße. Gegenüber thront das **Filmtheater Schauburg 7,** ein wuchtiges, kompaktes und fast klobiges Kinogebäude, das mehr einem Bunker als einer Burg ähnelt. Eröffnet

Görlitzer Straße

wurde die Schauburg 1927, noch in der Stummfilmära und zur Zeit der großen Ballsäle und des Varietés, mit denen das neue Medium der bewegten Bilder damals konkurrierte, heute behauptet sich das Programmkino gegen die großen Multiplexe Dresdens.

Folgt man dem Bischofsweg weiter, unter der Bahn hindurch bis zum Bischofsplatz, ist der „Hecht" erreicht. Seit die Äußere Neustadt grundsaniert wird, steigen auch die Preise für Wohnungen und Werkstätten. Weil die Mieten kontinuierlich klettern, zog und zieht es viele Künstler alternativ inzwischen ins Hechtviertel. Nach jahrzehntelangem Verfall wird das klassische Dresdner Arbeiterquartier rund um den Bischofsplatz als Wohn- und Ateliergebiet immer interessanter. Er hat aber nichts mit Fisch zu tun, dieser Hecht westlich der Äußeren Neustadt. Lange diente das Areal jenseits der heutigen Königsbrücker Straße als Übungsplatz für die Garnisonen der Albertstadt (siehe unten). „Auf dem Hecht" hieß es, weil ein Weg zu Hechts Weinberg in Trachenberge und dem Gasthaus „Zum Blauen Hecht" entlangführte. Während der „Obere Hecht" als Siedlungsgebiet in den 1920er- und 1930er-Jahren entstand, prägen im „Unteren Hecht" Gründerzeitbauten in geschlossenen Häuserreihen das Stadtteilbild. Die Gewerbebetriebe der Leipziger Vorstadt, darunter die

Keramikfabrik Villeroy & Boch und der Alte Schlachthof, verlangten nach einer Vielzahl von Arbeitern. Von knapp 7000 Einwohnern im Jahr 1875 stieg die Zahl innerhalb von 15 Jahren auf eine Bevölkerung von über 13.000 an. Es entstand ein ausgesprochenes Arbeiterwohnviertel mit der höchsten Wohndichte in Dresden. Vor der Wende ein sozialer Brennpunkt, sind die schönen Altbauten im Hechtviertel eine gefragte Wohngegend für Familien geworden. Dass der Stadtteil quasi Dresdens Prenzelberg ist, spiegelt der große Anteil alleinerziehender Eltern. Es ziehen viele junge Leute hierher, das Durchschnittsalter der Bevölkerung liegt unter 35 Jahren.

Für diesen Abstecher folgen wir der Hechtstraße bis zur Fichtenstraße und biegen dort nach rechts. Linker Hand wird die **Theaterruine St. Pauli 8** als Freilichtspielstätte für Bühnenstücke und Musik genutzt. Jahrzehntelang stand die neugotische Evangelische Paulikirche, im Krieg 1945 schwer beschädigt, als Ruine am Königsbrücker Platz. In den 1960er-Jahren wurde sie durch Mitglieder der Kirchengemeinde zwar enttrümmert, aber seither nicht wieder vollständig aufgebaut. Da Dach und Fenster fehlten, hatten lange Wind, Sonne, Regen und Schnee freien Zugang zur Kirche, vor rund einem Jahrzehnt erhielt die Kulturstätte ein Glasdach, und die Fensteröffnungen wurden als Lärmschutz für die Anwohner rund um den Königsbrücker Platz verschlossen.

Theaterruine St. Pauli

Wer abkürzen will, folgt der Tannenstraße bis zur Königsbrücker Straße, vielleicht nach einer Pause im Ecklokal St. Pauli (Tannenstraße 56). Wer Spaß am Bummel durch das Hechtviertel hat, schlendert durch die Rudolf-Leonhard-Straße zurück zum Bischofsweg und kehrt unter der Bahn hindurch zurück zur Königsbrücker Straße.

Wir biegen nach links und gleich wieder rechts in die Paulstraße, von deren Biegung ein Fußweg in den **Alaunpark 9** führt. Der frühere Exerzierpark und Kasernenstandort wurde in den 1960er-Jahren zur Grünanlage umgestaltet. In den 1870er-Jahren entstanden nördlich der Neustadt, am Rand der Dresdner Heide, neue Kasernen für Infanterie, Kavallerie und Artillerie. Zu den Militärbauten der **Albertstadt** gehörten nicht nur Waffenlager, Quartiere und Stallungen, Heeresbäckerei mit Mehlspeichern und Getreidesilos, es entstand auch eine 360 Hektar große Stadt in der Stadt. Nach dem Vorbild des Wiener Arsenals, 20 Jahre zuvor geschaffen, galt sie zur Entstehungszeit als modernste Anlage und größter militärischer Komplex Deutschlands. Daran erinnert das **Militärhistorische Museum 10** im von Stararchitekt Daniel Li-

Alaunpark

beskind spektakulär umgestalteten Arsenalgebäude, das aus der zweiten Hälfte des 19. Jahrhunderts stammt. Das Museum zur Geschichte von Militär und Krieg, Soldaten und Armeen als Konstanten aller Gesellschaften weicht seinem Thema nicht aus: Es ist kein Kriegsmuseum, aber auch kein Anti-Kriegsmuseum. Obwohl es zu den größten seiner Art gehört und im gewaltigen Dresdner Arsenalgebäude viel Raum hat, ist es weder ein Waffentempel noch eine Mahnstätte. Zur Eröffnung erhielten Architektur und Ausstellung daher viel Lob. Zu sehen sind zwar recht viele Waffen und andere Ausrüstung, Uniformen und Orden, aber die Ausstellung widmet sich auch thematischen Blöcken wie „Militär und Sport" oder „Militär und Musik". „Militär und Sprache", „Krieg und Spiel", „Militär und Technologie" lauten andere Schwerpunkte.

Militärmuseum

NEUSTADT

Viele der noch geschlossen erhaltenen Straßenzüge wurden Ende des 19. Jahrhunderts erbaut. Dass sich hier nicht nur gediegenes Bürgertum zu Hause fühlt, liegt daran, dass in DDR-Zeiten viele Bauten arg heruntergekommen waren. Wo sich heute das Szeneviertel befindet, war alles von jahrzehntelangem Verfall geprägt, sodass es Pläne gab, die halbe Neustadt radikal abzureißen. Wer es sich leisten konnte, zog von hier in die „Platte", wo es fließend Wasser und Heizung gab. Stattdessen lebten als quasi tolerierte „Instandbesetzer" immer mehr Künstler, Studenten und Punks in den verfallenden Altbauten und pflegten einen unkonventionellen Lebensstil. Die Nischenkultur wurde von der Staatsmacht geduldet; doch trotz der scheinbaren Toleranz prägte die restriktive Politik auch hier das Lebensgefühl einer Subkultur von Alternativen, Unangepassten und Aussteigern – ähnlich wie am Prenzlauer Berg in Berlin.

Nach der Wende wurde hier trotzig-fröhlich die Bunte Republik Neustadt ausgerufen, ursprünglich ein anarchisches, autonom angehauchtes politisches Ereignis. Eigentlich war es eine Aktion gegen Mietwucher und Spekulation – die einsetzende Sanierung nach der Wende sorgte für sozialen Sprengstoff. Man proklamierte die Republik als Staat im Staat, mit Demarkationslinie, provisorischer Regierung und eigener Währung, lud Freunde ein und feierte auf der Straße. Inzwischen ist die BRN ein friedliches Straßen- und Nachbarschaftsfest, das traditionell am dritten Juniwochenende stattfindet, mit Straßentheater und Kinderprogramm, Konzerten, Lesungen und Partys. Drei Jahrzehnte später sind die Gebäude aus der Gründerzeit schmuck renoviert, und zwischen Stuckdecken und Parkett richten sich gut verdienende Jungakademiker ein. Aus fünf Kneipen wurden 150, und neben dem Bier favorisierenden Punk sitzen inzwischen Touristen mit Caipirinha. Nach wie vor ist das Viertel aber offen für Existenzgründer und Überlebenskünstler – das beste Beispiel ist die bunte Nachbarschaft, mit der man beim Spaziergang Bekanntschaft macht.

5 DREI ELBSCHLÖSSER

Start/Ziel: Schloss Albrechtsberg, Bautzner Straße 130, 01099 Dresden (GPS: 51.064807, 13.792105)
Länge: 8 Kilometer
Dauer: 2 Stunden
ÖPNV: Haltestelle Elbschlösser, Tram 11; Ein- und Ausstiegspunkte unterwegs: Haltestelle Wilhelminenstraße, Haltestelle Straßburger Platz
Parken: Parkplatz an der Bautzner Straße direkt vor dem Tor zu Schloss Albrechtsburg

Unterwegs entdeckt:

1 Schloss Albrechtsberg
2 Lingnerschloss
3 Schloss Eckberg

4 Wolfshügelturm
5 Saloppe

Essen + Trinken:

Von der grandiosen Aussicht, die die drei Schlösser auf Dresden bieten, profitiert auch die Gastronomie. Zwei besondere Tipps: Die **Weinterrassen** unterhalb der Elbschlösser bewirtschaftet der Winzer Lutz Müller; im Kavaliershaus von Schloss Albrechtsburg öffnet er den Weinkeller als Hofladen. Von April bis Oktober kommt an den Wochenenden eine kleine Straußwirtschaft hinzu (www.winzer-lutz-mueller.de). Die **Lingnerterrassen** (Bautzner Straße 132, Tel. 03 51/4 56 85 10, www.lingnerterrassen.de) mit Biergarten sind das ganze Jahr über geöffnet.

Adel verpflichtet

Dort, wo das Gelände hinter dem Waldsschlösschen ansteigt, reihen sich am Elbhang die drei Elbschlösser inmitten einer Parklandschaft oberhalb von Weinbergen hintereinander auf. Alle drei „Schlösser", so genannt, obwohl es eigentlich übergroße klassizistische Villen sind, wurden im 19. Jahrhundert errichtet, als sich die reizvolle Weinberglandschaft am Stadtrand immer mehr zum Villenvorort Dresdens entwickelte. Gleich jenseits der Bautzner Straße beginnt das weitläufige, 50 Quadratkilometer große Waldgebiet der Dresdner Heide, eines der Naherholungsgebiete der Dresdner. Von der Fläche entspricht sie etwa einem Sechstel des Stadtgebiets!

Wir starten am Parkplatz von Schloss Albrechtsberg (die Tramhaltestelle Elbschlösser ist nur ein paar Meter entfernt). Wer von den Dresdnern etwas auf sich hielt, besaß oder pachtete einen Weingarten vor der Stadt, rechtselbisch flussaufwärts. Als Sommersitz und Statussymbol waren die Loschwitzer Weinhänge begehrt bei den Adligen der Umgebung und bei der Dresdner Stadtprominenz. Ende des 17. Jahrhunderts gehörten die Flurstücke an der Stelle der drei Schlösser keinen Geringeren als Hofjuwelier Johann Melchior Dinglinger und Hofmusikus Heinrich Schütz. Um 1800 kaufte Lord Jacob Ogilvy, ein reicher Schotte und der siebte Earl of Findlater, fünf Weingärten auf. Er ließ fast alle Rebstöcke roden und für sich und seinen Lebensgefährten ein Landhaus errichten. Nach seinem Tod wurde das Haus als „Findlaters" ein beliebtes Lokal mit Konzertgarten, in dem E.T.A. Hoffmann, Richard Wagner und Gottfried Semper bewirtet wurden. Semper, der Erbauer der Oper, schwärmte vom „schönsten Kaffeehaus in Sachsen" und der Aussicht „auf halb Sachsen und Böhmen". 1852 erwarb es Prinz Albrecht von Preußen, der Bruder des späteren Kaisers Wilhelm I. Architekt Adolf Lohse entwarf für den neuen Hausherrn das imposante **Schloss Albrechtsberg 1** mit zwei Ecktürmen im Stil einer italienischen Renaissancevilla. Seit

Schloss Albrechtsberg

Elbe-Radweg am Lingnerschloss

1925 gehört das Mitte des 19. Jahrhunderts erbaute Schloss der Stadt Dresden; hier finden Tagungen, Bälle und Konzerte statt und die Kurse einer Jugendkunstschule, im Sommer auch im Park. Im Torhaus ist eine Ausstellung zur Familienchronik von Prinz Albrecht zu sehen.

Schloss Albrechtsberg ist das größte und zweifelsohne beeindruckendste der drei Elbschlösser. Eine durchaus standesgemäße Unterkunft mit ausgedehntem Park für Albrecht von Hohenzollern! Mitte des 19. Jahrhunderts wurde es für den Prinzen erbaut, weil er wegen seiner unstandesgemäßen Ehe außerhalb von Preußen leben musste. Im Innern entstand nicht nur ein imposanter Festsaal, auch andere der rund 100 Räume sind aufwendig ausgestattet. Das Türkische Bad ähnelt mit intarsienverzierten Holzpaneelen und bemalten Stuckfliesen ganz seinen orientalisch-maurischen Vorbildern. Das Schlossinnere mit dem prunkvollen Kronensaal, roten und blauen Salons, Lederzimmer und Türkischem Bad lässt sich jedoch nur mit einer Führung oder bei Veranstaltungen erleben.

Der stattliche Bau des Schinkel-Schülers Adolf Lohse orientiert sich an den Vorbildern der Villa Medici, der Villa d'Este und anderer römischer Renaissancevillen, ebenso die Terrassen- und Treppenanlage mit angedeuteten Tempelfronten zur Elbe hin. Ursprünglich waren sogar fünf Terrassen geplant, letztendlich ließen die Verhältnisse nur drei zu, außerdem war auch das zur Finanzierung vorzeitig ausgezahlte Erbe des Prinzen aufgezehrt. Auf der mittleren Ebene vermittelt das **Römische Bad** mit seinem halbkreisförmigen Säulengang geradezu mediterranes Flair. Das ovale Wasserbecken davor wurde an heißen Sommertagen gerne als Plantschbecken zweckentfremdet (derzeit wird es bis 2025 instandgesetzt).

Fischhausstraße

Moritzburg-Pillnitzer-Weg

Wolfshügel

4

Neustadt

Eisenbornbach

Hämmerchen

Gutebornbach

Fensterchen

(H)

Bautzner Straße

P

(H)

6

Lingnerpark

Mordgrundwasser

1

5

2

3

Körnerweg

Loschwitz

Elbe

Blick auf das Römische Bad

Der Hausherr führte mit seiner zweiten Frau, Rosalie von Rauch, später zur Gräfin von Hohenau erhoben, in Dresden ein zurückgezogenes Leben. Ihr Geburtstag wurde jedes Jahr mit einem großen Fest begangen, ansonsten konnte sie aufgrund ihres Ranges kaum am gesellschaftlichen Leben teilnehmen. Während seine Gemahlin am Berliner Hof nicht erwünscht war, weilte Prinz Albrecht als preußischer General oft in seiner Heimat und verließ Dresden auch für ausgedehnte Reisen durch nahezu ganz Europa, den Orient und Afrika.

Im Kavaliershaus produziert Lutz Müller Weine der Lage „Dresdner Elbhänge". Der Winzer bewirtschaftet eine Parzelle unterhalb des Lingnerschlosses, weitere Flächen in Pillnitz (Spaziergang 9) und hat den Hang unterhalb von Schloss Albrechtsberg wieder aufgerebt. An Sommerwochenenden öffnet er dort seine Straußwirtschaft mit traumhaftem Blick über die Elbe.

Ein Spaziergang durch die große am Hang gestaffelte Parkanlage im englischen Stil bietet nicht nur architektonische Reize wie das Römische Bad mit Wasserbecken und

Straußwirtschaft

Blick auf das Lingnerschloss

Wasserbühne unterhalb der Villa, sondern auch einen wunderschönen Blick auf die Elbe und das Blaue Wunder.

Die benachbarte Villa Stockhausen, ebenfalls Eigentum der Stadt Dresden, ließ sich Mitte des 19. Jahrhunderts der Hofmarschall des Prinzen Albrecht von Preußen erbauen, selbstverständlich in bescheideneren Ausmaßen, aber ebenfalls nach Entwürfen von Lohse. Heute wird das Gebäude nach seinem späteren Besitzer, der das Anwesen 1906 erwarb, auch **Lingnerschloss 2** genannt. Nicht aufgrund alten Adels, sondern als Fabrikant brachte es Karl August Lingner zu einem Königstitel. Sein Mundwasser entwickelte sich zum Verkaufsschlager. Er selbst kam aus einfachen Verhältnissen, hatte eine Drogistenlehre gemacht und in anderen Branchen gearbeitet, bevor er mit seinem antiseptischen Mundwasser schwer reich wurde. Genial war weniger die Erfindung als die Vermarktung – Lingner entwickelte die charakteristische Verpackung (die Seitenhalsflasche, bis heute im Handel) und förderte die Nachfrage, indem er witzige Anzeigen schaltete – Odol gilt daher als der erste Markenartikel.

Der ODOLKÖNIG

Gründer des Hygiene-Museums war Karl August Lingner, der mit seinem Mundwasser reich gewordene „Odol-König". Das Ziel des medizinischen Autodidakten war es, die Menschen umfassend über Gesundheitsvorsorge zu informieren. 1911 initiierte der Volksaufklärer in Dresden die erste Hygiene-Ausstellung – mit thematischen Bereichen wie Kurorte und Bäder, Nahrungsmittel, Körperpflege, Kraftmaschinen. Als genialem Organisator gelang es ihm, bedeutende Wissenschaftler für sein Projekt zu verpflichten, und als ebenso genialer Marketingmann plante er auf dem Gelände von Anfang an auch Vergnügungsstätten wie eine Rodelbahn, eine Kegelhalle und einen Tanzsaal sowie Cafés und Restaurants. Das Konzept ging auf, die Menschen standen Schlange, um seine Ausstellung zu sehen: mehr als fünf Millionen Besucher in sechs Monaten!

Mit den Einnahmen sollte eine ständige Ausstellung eingerichtet werden. Doch das Vermögen fiel der Inflation zum Opfer. 1916 starb Lingner im Alter von 55 Jahren; das Hygiene-Museum konnte erst 1930 eröffnet werden (Spaziergang 2). Noch miterlebt hatte er die Gründung der Werkstätten 1912. Es wurden Schautafeln und Modelle gefertigt als Informationsmaterial für Schulen, Universitäten und Wanderausstellungen. Hier entstand eine der Hauptattraktionen des Museums, der „Gläserne Mensch". Der Schaukörper zeigt Organe, Muskeln, Blutbahnen und Nervensystem; Haut und Fleisch sind aus durchsichtigem Material. Mehr als 100 gläserne Männer und Frauen wurden in Dresden hergestellt, unter anderem eine gläserne Frau für das New York Museum of Science, und auch einige gläserne Pferde und Kühe.

Der „Odol-König" und Stifter des Hygiene-Museums vermachte die Villa nach seinem Tod der Stadt. Auch unterhalb des Lingnerschlosses wurde am Elbhang ein terrassierter Weinberg (wieder-)aufgerebt.

Schloss Eckberg

Das dritte Schloss im Bunde, die ehemalige Villa Souchay, ließ der englische Kaufmann John Daniel Souchay um 1860 im neogotischen Tudorstil erbauen. Unter den wechselnden Eigentümern war ein weiterer Pharmazeut: Ottomar von Mayenburg, der als Apotheker die Chlorodont-Zahnpasta entwickelte und als Unternehmer damit ebenfalls enormen Wohlstand erlangte – sein Reichtum ermöglichte es ihm, sich ganz seinem Hobby, den Pflanzen, zu widmen. Mit mehr als einem Dutzend fest angestellter Gärtner machte er den Park des Schlosses zu einer blühenden Sehenswürdigkeit. Als **Schloss Eckberg** 3 ist es heute ein nobles Hotel.

Die Dresdner Heide ist einer der größten Stadtwälder Deutschlands.

Durch den Lingnerpark gehen wir hoch zur Bautzner Straße (Bundesstraße B6), überqueren sie und laufen auf dem „Fensterchen" genannten Weg hinein in den **Albertpark,** einen Teil der Dresdner Heide. Dieses Waldstück wurde Ende des 19. Jahrhunderts von der Stadt gekauft, um das Trinkwassereinzugsgebiet des Wasserwerks Saloppe zu sichern.

Wir wandern zum **König-Albert-Denkmal** und weiter zum **Wolfshügelturm** 4. Vom einstigen Aussichtsturm, der

Brunnen am Lingnerschloss

Wasserwerk Saloppe

in den letzten Tagen des Zweiten Weltkriegs gesprengt wurde, blieb nur der Sockel. Eine Bürgerinitiative sammelt Spenden für den Wiederaufbau des ehemals so beliebten Ausflugsziels. Es geht weiter durch den Albertpark zum Waldspielplatz, dann zurück über die Bautzner Straße und den Weg hinab zur **Saloppe 5,** dem ersten Wasserwerk in Dresden, das Kessel- und Maschinenhaus noch hinter historisierender Wehrhaftigkeit eines Gebäudes aus gelbem Klinker verbarg und wie ein „viertes Elbschloss" wirkt. Gehört Schaluppe eigentlich noch zum aktiven Wortschatz oder steht es schon auf der Roten Liste bedrohter Wörter? Entstanden sein soll der Name des Wasserwerks jedenfalls aus „Schaluppa", Anfang des 19. Jahrhunderts eine Schankwirtschaft und schiffsähnliche Bretterbude, die sich hier wohl nahe der Mündung des Eisenbornbachs befand. 1875 nahm das erste städtische Wasserwerk seinen Betrieb auf. Sechs Dampfpumpen förderten das mittels Uferfiltration gewonnene Wasser über einen Hochbehälter in das zentrale

Verteilungsnetz der Stadt. Natürlich filtriertes Flusswasser der Elbe zu nutzen, war alles andere als gängige Praxis. Bislang versorgten vorwiegend Brunnen und zugeleitetes Quellwasser Dresden mit dem benötigten Trinkwasser. In den 1920er-Jahren modernisiert, lieferte die Saloppe bis 1993 zuverlässig Trinkwasser, später noch eine Weile Brauchwasser, inzwischen wurde der denkmalgeschützte Bau zu hochpreisigen Eigentumswohnungen umgebaut. Die gleichnamige Sommerwirtschaft Saloppe etwas oberhalb ist ein beliebter Biergarten und Veranstaltungsort.

Wir folgen dem Körnerweg am Elbufer ein kleines Stück flussaufwärts und biegen unterhalb von Schloss Albrechtsberg links durch ein Tor. Über Treppen gelangen wir – wenn geöffnet ist – hinauf zur Strausswirtschaft von Winzer Lutz Müller. Hier lässt sich die Wanderung bei einem Glas Wein mit grandioser Aussicht stilvoll beschließen, bevor wir die letzten Meter zurück zur Tramhaltestelle an der Bautzner Straße spazieren.

Zum Wohl

6 BLASEWITZ

Start: Körnerplatz, 01326 Dresden (GPS: 51.054345, 13.814368)
Ziel: Schillerplatz, 01309 Dresden
Länge: 6 Kilometer
Dauer: 1,5 Stunden
ÖPNV: Haltestelle Schillerplatz, Tram 6, 12, dann umsteigen in Bus 61, 63 zur Haltestelle Körnerplatz oder zu Fuß über die Brücke Blaues Wunder; Ein- und Ausstiegspunkte unterwegs: Haltestelle Lene-Glatzer-Straße, Prellerstraße; Rückkehr zum Ausgangspunkt: zu Fuß über die Brücke Blaues Wunder oder Bus 61, 63
Parken: Parkplatz, Fidelio-Finke-Straße, hinter der Feuerwache in Nummer 4

Unterwegs entdeckt:

1 Schillerhäuschen
2 Blaues Wunder
3 Villa Marie
4 Käthe-Kollwitz-Ufer
5 Waldpark
6 Villa Ilgen
7 Villa Weigang
8 Rathaus Blasewitz
9 Schillerplatz

Essen + Trinken:

In Blasewitz gibt es im Villenviertel nur sehr vereinzelt Lokale, dafür an beiden Elbufern direkt am Blauen Wunder gleich mehrere. Zwei besondere Tipps: Im **Schillergarten** sitzt man bei gutbürgerlicher Küche gemütlich drinnen oder sommers draußen im Biergarten (Schillerplatz 9, Tel. 03 51/8 11 99 22, www.schillergarten.de) mit Blick auf die Brücke, Loschwitz und die Elbe. Richtig gut isst man auch gegenüber bei **Kleinert's Spezialitäten** (Friedrich-Wieck-Straße 45 b, Tel. 03 51/2 63 36 95).

Villenviertel am Blauen Wunder

Woher der Name kommt, weiß man nicht genau, doch dass Blasewitz noch um 1800 nur ein bescheidenes Fischer- und Winzerdorf an einer Elbfurt war, mit gerade mal knapp 40 Häusern und Höfen, ist belegt. Der Aufschwung der Villenarchitektur begann in den 1860er-Jahren, als viele wohlhabende Familien auch aus anderen Regionen Deutschlands und sogar aus dem Ausland nach Dresden zogen. Der großbürgerliche Stil hat reizvolle Mischungen von Jugendstil, Klassizismus, Neobarock und Neorenaissance hervorgebracht – die bemerkenswerte Stilvielfalt der Villen spiegelt die architektonischen Vorlieben der Gründerzeit. Hier gibt es teilweise noch üppigere Wohnschlösser als in den gegenüberliegenden Stadtteilen Loschwitz und Weißer Hirsch (Spaziergang 7), wenn auch nicht in so einzigartiger Hanglage. Dafür ist Blasewitz sicher der grünste Stadtteil Dresdens. Neben dem Waldpark, einer ruhigen Parkanlage inmitten des Stadtteils, tragen die großen Villengrundstücke und Gärten mit alten Bäumen das Ihre dazu bei. Von den Zerstörungen durch Bombenangriffe im Zweiten Weltkrieg waren die Vororte glücklicherweise kaum betroffen, anders als der historische Stadtkern. So blieb außerhalb der Innenstadt am meisten historische Bausubstanz erhalten.

Wir starten nicht in Blasewitz selbst, sondern besuchen im gegenüberliegenden Loschwitz zuerst das Schillerhäuschen. Vom Körnerplatz geht es dorthin auf der Schillerstraße steil hinauf. An Friedrich Schiller (1759–1805) wird hier gleich mehrfach erinnert, wir werden auch in Blasewitz wieder auf seine Spuren treffen. Zwei Jahre blieb der junge Dichter in Dresden, von September 1785 bis Juli 1787, als Gast von Christian Gottfried Körner (1756–1831). Dieser hatte 1785 ein Weinberggrundstück im Dorf Loschwitz erworben. Das zweigeschossige Gebäude in idyllischer Lage ist noch erhalten, eines der ältesten Landhäuser der Gegend – hier verbrachte er die Sommer. Am oberen Ende des Grundstücks stand ein würfelförmiger Pavillon, das ehemalige Weinpressenhaus und heutige **Schillerhäuschen 1.** Hier arbeitete der Dichter an „Don Carlos", an den Erzählungen „Der Verbrecher aus verlorener Ehre" und „Der Geisterseher". Auch

Villa Marie

nach seiner Übersiedlung nach Weimar blieb er Körner freundschaftlich verbunden, der 1812/15 die erste Gesamtausgabe der Werke Schillers besorgte. Dieser besuchte ihn 1792 und 1801 nochmals in Dresden für einige Wochen. In dem kleinen Museum (Schillerstraße 19) dokumentieren Bilder und Handschrift die Dresdner Zeit im Freundeskreis um Körner. Anschließend spazieren wir wieder hinunter zum Körnerplatz und überqueren auf der flussabwärts gelegenen Seite der Brücke die Elbe.

Die 1893 in Betrieb genommene stählerne Hängebrücke ist eine echte Berühmtheit. Sogar eine eigene Sondermarke der Post bekam das **Blaue Wunder 2** im Jahr 2000. Rund 141 Meter lang spannt sie sich von Loschwitz nach Blasewitz. Für die Herkunft ihres Namens gibt es verschiedene Geschichten oder wohl eher Legenden, zum Beispiel sei sie ursprünglich grün gestrichen worden, der gelbe Farbanteil aber nicht lichtecht gewesen und so schnell verblichen, dass nur das Blau übrig blieb. So könne man sein blaues Wunder erleben! Zu ihrer Zeit war die 3500 Tonnen schwere Stahlkonstruktion jedenfalls eine technische Meisterleistung, die erste Brücke ohne Strompfeiler in Europa. Nach einer Belastungsprobe mit Fuhrwerken und Kutschen, Dampfwalzen

und Straßenbahnen mit einem Gesamtgewicht von 157 Tonnen wurde sie 1893 für den Verkehr freigegeben. Wo wir heute einfach entlangspazieren, war in den Jahrzehnten bis 1920 noch ein Brückenpfennig fällig und die Stelle des Brückenzöllners ein begehrter Posten im Ort.

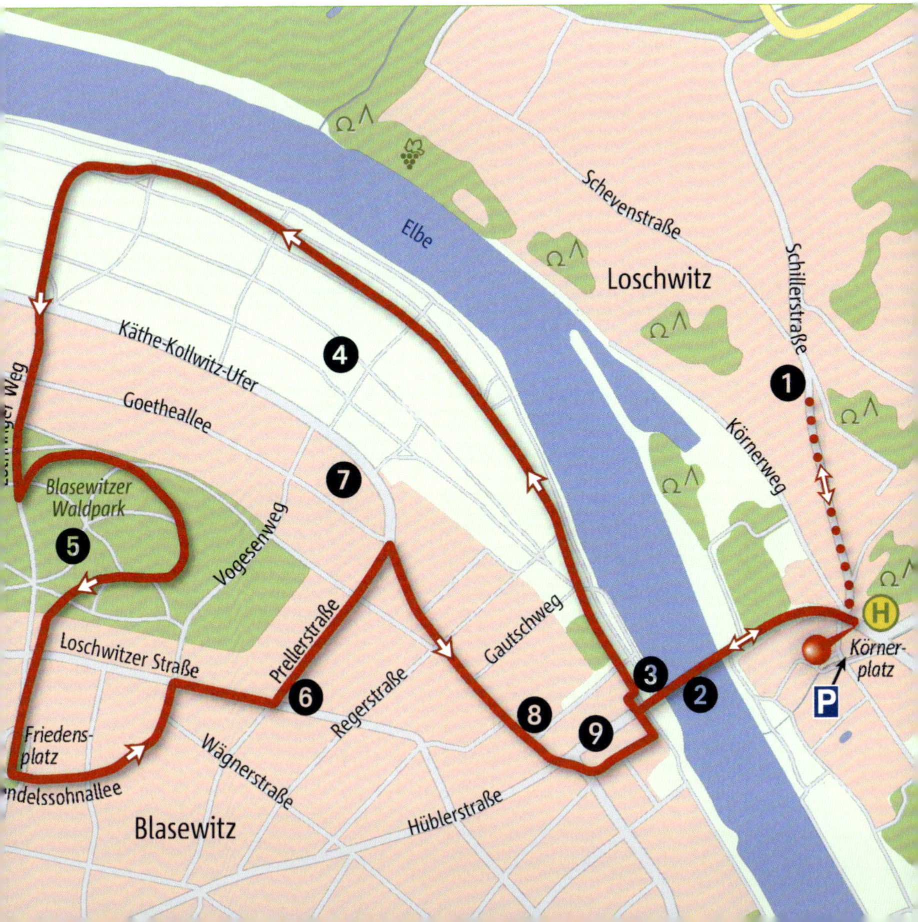

Am anderen Ufer, in Blasewitz, führt bei der denkmalgeschützten **Villa Marie 3** eine Treppe hinunter zu den Elbwiesen. Zu vielen der Villen lassen sich interessante Geschichten erzählen, denn außer der finanzkräftigen Oberschicht zogen auch zu ihrer Zeit berühmte Künstler nach Blasewitz. Dafür reicht hier der Platz nicht, stellvertretend seien nur zwei Villen des Rundgangs genauer vorgestellt. Das markante Landhaus direkt an der Elbe wurde 1860 im italienischen Stil erbaut und hieß zunächst „Mon Bijou", seit den 1930er-Jahren nach der damaligen Eigentümerin Villa Marie. Zu Ostzeiten diente die Villa als Künstleratelier: Anfang der 1980er-Jahre machte die als „Wanda" bekannte Künstlerin Claudia Reichardt das verfallende, dem Einsturz nahe Haus zu einem halblegalen Treffpunkt der alternativen Kunstszene. In der Galerie „fotogen" fanden regelmäßig Ausstellungen außerhalb des offiziellen DDR-Kunstbetriebs statt. Nach der Wende mussten die Künstler, die zusammen mit Denkmalpflegern und Blasewitzer Bürgern den Abriss verhindert hatten, aus der Villa ausziehen. Nach der Sanierung eröffnete ein (nicht gerade preiswertes, aber empfehlenswertes) italienisches Restaurant in der Villa, das auch aufgrund der Lage mit fantastischem Elbblick beliebt ist.

Unterhalb der Villa Marie und der Loschwitzer Brücke folgen wir dem Elberadweg linkselbisch Richtung Innenstadt

mit hervorragender Aussicht auf die drei Elbschlösser am gegenüberliegenden Hang (Spaziergang 5). Das **Käthe-Kollwitz-Ufer** **4** ist ein idealer Ort zum Fotografieren, auch abends, wenn die Bauwerke angestrahlt werden. Die gleichnamige Straße, die hier an den Elbwiesen entlangführt, ist nur an der Südseite bebaut, und die Villen stehen fast ausnahmslos unter Denkmalschutz. Die neobarocke Villa zur Lippe (Käthe-Kollwitz-Ufer Nummer 88), im Jahr 1904 ursprünglich für Felix Schweighofer, einen erfolgreichen wie wohlhabenden Theaterschauspieler und Operettensänger, errichtet, wird heute vom Sächsischen Landkreistag genutzt. Dem Luftangriff 1945 zum Opfer fiel allerdings die für den Dichter Gerhart Hauptmann um 1900 errichtete Villa Rautendelein an der Einmündung des Lothringer Wegs, in den wir einbiegen. Das stilistisch der Reformbaukunst zugerechnete Gebäude galt als „Höhepunkt des neuen Bauens"

Käthe-Kollwitz-Ufer

Mendelssohnallee

und erregte weit über Dresden hinaus großes Aufsehen. An seiner Stelle befindet sich heute ein Neubau, mit dem Verwaltungssitz des Bischöflichen Ordinariats des Bistums Dresden-Meißen (Käthe-Kollwitz-Ufer Nummer 84).

Auf dem Lothringer Weg überqueren wir die Goetheallee und gelangen in den **Waldpark Blasewitz 5**. Die 23 Hektar große Parkanlage ist der bekannteste von mehreren Dresdener Waldparks und punktet mit Kiefernbestand, vielen Laubbäumen, Ziersträuchern und großflächigen Wiesen, einer historischen Tennisanlage, Spielplatz, Rodelberg und Restaurant. Dass aus Blasewitz nicht restlos Bauland wurde, ist Arthur Willibald Königsheim (1816–1886) zu verdanken. Der sächsische Ministerialbeamte ermöglichte in den 1860er-Jahren das ausgedehnte Grün – zu einer Zeit der schon damals zunehmenden Bodenspekulation – durch die Gründung einer Aktiengesellschaft, die ein 100 Hektar großes, bewaldetes Terrain erwarb, dann die Randgrundstücke teuer weiterverkaufte und damit die Gestaltung des Waldparks finanzierte. So lassen sich auch rund um den Park prächtige Wohnsitze und üppige Gärten hinter schmiedeeisernen Zäunen bewundern – das Villenviertel der „höhe-

Der Stil des Historismus nahm Architekturformen früherer Epochen auf.

ren Kreise" hat eine enorme Ausdehnung. Lockere Einzelbebauung prägt das Bild und gibt Dresden den Charakter einer „offenen Landschaftsstadt".

Nach einer Runde durch den Park verlassen wir ihn auch wieder über den Lothringer Weg und folgen diesem bis zum Friedensplatz. Dort biegen wir nach links in die Mendelssohnallee, dann nach rechts in die Loschwitzer Straße, wo Architekturinteressierte weiterhin auf ihre Kosten kommen. Neben der Villa Marie zählt die **Villa Ilgen 6** an der Ecke zur Prellerstraße zu den bekanntesten Villen in Blasewitz. Das ab 1890 erbaute neoklassizistische Gebäude mit einer Säulenvorhalle und Freitreppe musste von ihrem verschuldeten Erstbesitzer schon nach wenigen Jahren wieder verkauft werden. Es erwarb sie daraufhin ein Apotheker, der durch die Produktion von Mäusegift so reich geworden war, dass der Millionär sein Geld als Sportmäzen auch in den Bau eines Volksbads und eines Leichtathletik-Stadions stecken konnte – die Ilgen-Kampfbahn, ein Vorläufer des heutigen Rudolf-Harbig-Stadions.

Villa Ilgen

Villa Weigang

Wir folgen der Prellerstraße bis zum Käthe-Kollwitz-Ufer und werfen dort noch am Beginn der Goetheallee einen Blick auf die **Villa Weigang 7,** die heute als Standesamt genutzt wird. 2013 wurde die unter Denkmalschutz stehende Villa sogar als „Deutschlands schönstes Standesamt" ausgezeichnet. Dann wenden wir uns um und gelangen über die erst Goetheallee, dann Naumannstraße benannte Straße zurück zum Schillerplatz. Linker Hand steht das **Blasewitzer Rathaus 8** (Naumannstraße 5), wo wir erneut und nicht zum letzten Mal auf Schiller stoßen. Denn von der Fassade blickt melancholisch Gustel, die berühmteste Blasewitzer Bürgerin. Das Bauwerk mit dem von Martin Engelke geschaffenen Standbild hatte 1905 Karl Emil Scherz umgebaut, ein Loschwitz-Blasewitzer Architekt und einer der wichtigsten Baumeister der schönen, bemerkenswert vielfältigen Villen und repräsentativen Bauten rundherum. In Schillers Drama „Wallensteins Lager" hat Gustel einen Auftritt als Marketenderin: „Was? der Blitz! Das ist ja die Gustel aus Blasewitz". Die hübsche Wirtstochter Justine Segedin, die im Gasthaus beim Kellnern half, wurde von Schiller verehrt, gab ihm aber einen Korb. Die später vornehm in Dresden mit einem Senator Renner verheiratete Justine verzieh es dem Dichter nicht, dass er sie als Marketenderin auf die Bühne brachte.

Rathaus

6 BLASEWITZ

Schillergarten

Rund um den **Schillerplatz 9** sehen wir erstmals wieder geschlossene Straßenzüge. Um 1900 waren von 774 Häusern des Vororts 714 Villen, wie Kunstführer Dehio erläutert, und Blasewitz eine der reichsten Gemeinden Sachsens. Das feine Viertel wehrte sich unter heftigen Protesten gegen die Eingemeindung, die wohlhabenden Bürger riefen sogar zu Demonstrationen auf. Dennoch erfolgte 1921 die zwangsweise Eingemeindung des grünen Vororts. Erst die Bauordnung von 1880 gestattete geschlossene Häuserreihen wie am Schillerplatz, der ehemalige Dorfplatz verlor dadurch seinen ländlichen Charakter. In den stillen Straßen von Blasewitz gibt es kaum Betriebe oder Geschäfte, daher ist der Schillerplatz das kleine Einkaufszentrum des Stadtviertels; um das Shoppingcenter Schillergalerie haben sich viele weitere Läden angesiedelt. Außerdem findet dienstags, donnerstags und samstags ein Wochenmarkt statt.

Hier schillert's, ist man verleitet zu kalauern. Der Schillergarten erinnert daran, dass der Dichter gern im Blasewitzer Wirtshaus zu Gast war, ebenso wie die Schillerlinde im Biergarten, der Schillerplatz selbst und der zu Schillers 100. Geburtstag 1859 vom Berliner Werbeunternehmer Ernst Lit-

faß gestiftete Gedenkstein. Selbstverständlich wurde auch die Geschäftspassage im Zentrum von Blasewitz Schiller-galerie getauft und die „Glocke", die Trafostation der Drewag, mit Schillermotiven gestaltet. Das deutsche Bürgertum pflegte eben im 19. und auch noch im 20. Jahrhundert „seinen" Schiller.

Inmitten aller historischen Reminiszenzen lockt der **Schillergarten** im Hier und Jetzt zur Einkehr. Zum Ausgangspunkt zurück geht es über die Brücke, falls man dort geparkt hatte, ansonsten steigt man gleich beim Schiller-platz in die Tram.

Villenarchitektur mit
STILVIELFALT

Nicht nur der Stadtteil Blasewitz war Ende des 19. Jahrhunderts bevorzugtes Wohngebiet für Fabrikanten, Offiziere, Bankiers und hohe Beamte – zusammen mit Loschwitz und dem Weißen Hirsch auf der anderen Seite der Elbe sowie mit den benachbarten Tolkewitz und Striesen bildet Blasewitz eines der größten Villengebiete Europas. Und sie sind längst nicht die einzigen Stadtteile mit Villenkolonien. Stadtvillen finden sich auch in den Stadtteilen um den Großen Garten, in der Radeberger Vorstadt, Bühlau und Klotzsche. Denn bei den Luftangriffen am Ende des Zweiten Weltkriegs, als das Zentrum von Dresden durch Bomben zerstört wurde, lagen die Villenvororte außerhalb des Angriffsgebiets. Der großzügigen Architektur auf parkähnlichen Grundstücken war es durch die Bauordnung ausdrücklich vorgegeben, sich in Stil und Gestaltung voneinander abzuheben. So konnten die zeitgenössischen Architekten aus dem Vollen schöpfen, die ganze Palette der Stile zitieren und mit Loggien und Balkonen, Erkern und Treppentürmen, Ziergiebeln und Fassadenschmuck, „altdeutschem" Fachwerk und dekorativer Fenstergestaltung verwirklichen, von der hochherrschaftlichen Innenausstattung mit Stuck, Kassettendecken und Holzvertäfelungen noch gar nicht zu reden. So entstand eine europaweit einzigartige Villenkolonie mit parkähnlichen Gärten und großem Variantenreichtum.

7 LOSCHWITZ UND WEISSER HIRSCH

Start/Ziel: Körnerplatz, 01326 Dresden (GPS: 51.054345, 13.814368)
Länge: 10 Kilometer
Dauer: 3 Stunden
ÖPNV: Haltestelle Körnerplatz; Tram 6, 12 bis Schillerplatz, dann umsteigen in Bus 61 oder 63 bis Körnerplatz; Ein- und Ausstiegspunkte unterwegs: Haltestelle Plattleite, Bergstation der Standseilbahn
Parken: Parkplatz Fidelio-F.-Finke-Straße

Unterwegs entdeckt:

1 Körnerhaus
2 Plattleite
3 Villa Orlando
4 Sternwarte Manfred von Ardenne
5 Friedensblick mit Obelisk
6 Parkhotel
7 Konzertplatz
8 Chinesischer Pavillon
9 Waldfriedhof
10 Bergstation Standseilbahn
11 Leonhardi-Museum

Essen + Trinken:

Unten in Loschwitz und oben auf der Anhöhe stehen gleich mehrere Einkehradressen zur Wahl. Zwei besondere Tipps: Von der Ausflugsgaststätte **Luisenhof** (Bergbahnstraße 8, Tel. 03 51/28 77 78 30, www.luisenhof-in-dresden.de) bieten Panoramafenster und eine Terrasse einen fantastischen Blick auf Dresden und das Elbtal. Der **Biergarten am Konzertplatz** (Stechgrundstraße, Tel. 03 51/26 31 19 50, www.konzertplatz-weisser-hirsch.de) ist vor allem im Sommer attraktiv.

Kreative
und Bohemiens

„Alles hier herum wimmelt von Weinbergen, Landhäuschen und Gütern", schrieb 1785 Friedrich Schiller. Die ländliche Idylle mit Fischer-, Winzer- und Bauernhäuschen, ein paar verstreuten Sommerresidenzen, Wassermühlen im Loschwitzgrund und dem weiten Blick ins Elbtal bildet das Motiv zahlloser Bilder. Der Maler Ludwig Richter, der hier ab 1852 an die 30 Sommer verbrachte, äußerte sich in seinen Briefen geradezu hymnisch: „O Gott, wie herrlich ist hier von meinem Plätzchen auf dem Berge die weite Gegend! So himmlisch schön, so sinnlich schön! Der blaue tiefe Himmel, die weite grüne Welt …!" Die attraktive Hanglage machte Oberloschwitz und den Weißen Hirschen im 19. Jahrhundert zum begehrten Bauplatz für wohlhabende Dresdner. Ein Grundstück nach dem anderen wurde verkauft und dem Villenbau geopfert: Italienische Palazzi, englische Tudorvillen, Alpenhaus-Architektur oder deutsche Neorenaissance mit Erkern, Giebeln und Türmchen – die Baustile waren ähnlich vielfältig wie in Blasewitz gegenüber (Spaziergang 6). Alter Adel, vermögende Bankiers und Fabrikanten lebten durchaus in Harmonie mit den Loschwitzer Dorfbewohnern, und auch Künstler fühlten sich von der romantischen Hanglandschaft angezogen.

Blick auf Loschwitz

7 LOSCHWITZ UND WEISSER HIRSCH

![Blaues Wunder bridge over the Elbe with swans]

Blaues Wunder

Am Körnerplatz (benannt nach Christian Gottfried Körner, der nicht weit von hier wohnte) ignorieren wir die Talstation der Standseilbahn – der schweißtreibende Aufstieg auf die Anhöhe hoch über der Elbe ist Teil dieses Spaziergangs. Zuvor freuen wir uns über den entspannten Bummel entlang der Galerien, Keramik-, Schmuck- und Antiquitätengeschäfte

Hochwassermarke

in der Friedrich-Wieck-Straße. Um 1800 war Loschwitz noch ein kleines Dorf – und die puppenhaus-zierlichen **Fachwerkhäuser** stammen noch aus der Zeit, als hier Handwerker und Tagelöhner in den Weinbergen lebten, Feld- und Waldarbeiter, Treidelknechte und Jagdtreiber, die im Nebenerwerb Obst, Feldfrüchte und Wein in den Gärten anbauten. Von den Dorfbewohnern hatten nur wenige einen eigenen Weinberg, aber viele arbeiteten als Winzer in den herrschaftlichen Weingütern.

Wir schlendern bis hinunter zum Elbufer und zum **Fähr-
gut** aus dem 17. Jahrhundert. Hier wurde das ländlich be-
schauliche Dresden restauriert, gleich mehrfach übrigens,
wie die Hochwassermarken an den Häusern zeigen. Neben
dem Buchhaus Loschwitz erinnert an Nummer 10 eine Ge-
denktafel an Friedrich Wieck, den Namensgeber der Straße
und Vater von Clara Schumann, der hier 1840 bis 1873
lebte.

Die Biergärten im Schatten des Blauen Wunders gehören zu den Lieblingsplätzen der Einheimischen (die man
sofort auch als eigene annektiert), im Dresden-Tatort betrieb
den Körnergarten gar der Sohn des Hauptkommissars Ehr-
licher. Vorbei am benachbarten Elbegarten, einem großen

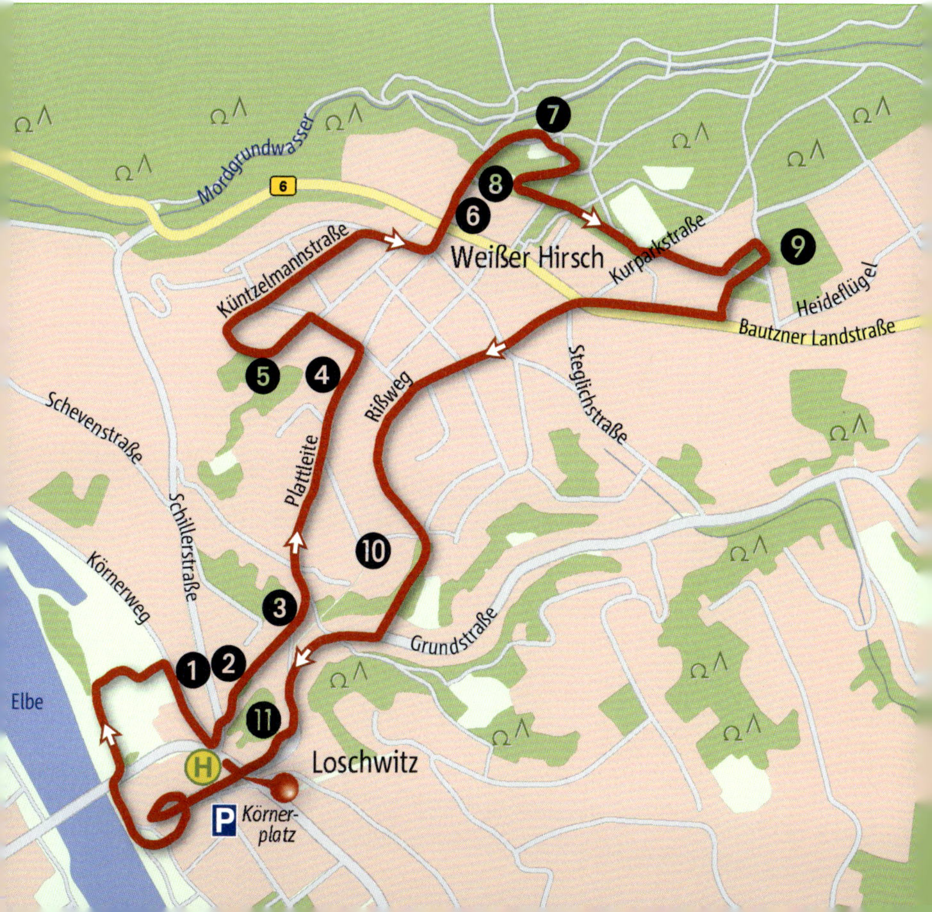

Elbegarten

Biergarten mit 400 Plätzen unter Kastanien im Schatten des Blauen Wunders, gehen wir unter der Hängebrücke hindurch, mit schönem Blick auf die drei Elbschlösser flussabwärts (Spaziergang 5). Hinter dem Sportgelände des SV Loschwitz biegen wir nach rechts und gelangen auf den Körnerweg, einst ein alter Treidelpfad am Fuß der Weinberge. Das **Körnerhaus** 1 in Nummer 6, ein hübsches Winzerhaus mit Weinspalier, wird privat bewohnt. Das zweigeschossige Gebäude stammt aus dem 18. Jahrhundert und zählt wie der Nachbarbau in Nummer 8 zu den ältesten erhaltenen Landhäusern in Loschwitz – die Villenbebauung der Elbhänge setzte erst ab Mitte des 19. Jahrhunderts ein. Christian Gottfried Körner, Vater des „Freiheitsdichters" Theodor Körner, lebte im Zentrum und besaß hier diese Zweitwohnung. Bei begüterten Familien war Loschwitz als Sommersitz außerhalb der Stadt beliebt, meist besaß oder mietete man einfache Winzerhäuser. Die Geistesgrößen ihrer Zeit – Goethe, Kleist, Tieck, Novalis, die Brüder Schlegel, Mozart und viele andere – weilten gerne im Stadthaus der Körnerfamilie in der Neustadt, und mindestens so gerne kamen sie auch zu Besuch ins Sommerhaus. Der vielseitig gebildete und interessierte Jurist unterhielt in Dresden einen weite

Plattleite

Verbindungen knüpfenden Zirkel literarischer und künstlerischer Geselligkeit. Gleich mehrfach zu Besuch war Friedrich Schiller, den Körner verehrte.

Das war der harmlose Teil des Spaziergangs, von nun an geht es bergauf, vom erneut erreichten Körnerplatz nur wenige Schritte auf der Schillerstraße, dann auf der **Plattleite** 2 bis ganz nach oben, schon seit Jahrhunderten die Verbindung von Loschwitz zum Weißen Hirschen, bis Ende

Sternwarte

des 19. Jahrhunderts allerdings nicht ausgebaut, sondern als Hohlweg. Die Straße ist gesäumt von prächtigen Villen, die sich einst berühmte, heute fast vergessene Künstler wie der Märchenillustrator Hermann Vogel errichten ließen (Nummer 6), dazwischen gab es auch damals schon zahlreiche Pensionen wie die Villa Quisisana (Nummer 35). Zunächst geht es an der gotisierenden **Villa Orlando** **3** vorbei, der vermutlich größten und prächtigsten Loschwitzer Villa, die sich ein italienischer Graf erbauen ließ, und weiter bis zu einer kleinen Sternwarte direkt neben dem Gartenzaun an der Plattleite 27, mitten im Wohngebiet.

Seit 2007 ist die **Sternwarte Manfred von Ardenne** **4** der Öffentlichkeit wieder zugänglich und zeigt den „Himmel über Dresden". Zum 100. Geburtstag des Namengebers hatte die „VON ARDENNE Anlagentechnik" das sanierungsbedürftige Gebäude restaurieren lassen. Manfred von Ardenne gilt als einer der letzten Universalgelehrten, der schon mit 15 die erste einer langen Reihe von Erfindungen machte. Der technisch begabte Physiker war an der Entwicklung der

russischen Atomwaffen beteiligt. Nach seiner Rückkehr von zehnjähriger Tätigkeit in der Sowjetunion ließ sich Ardenne (1907–1997) mit seinen engsten Mitarbeitern in Dresden nieder und baute ein Institut auf, das sich mit Biomedizin, Plasmaphysik und Krebstherapie befasste, die einzige private Forschungsstätte der DDR. Wie vielseitig der berühmte und vielfach geehrte Wissenschaftler interessiert war, spiegelt sich nicht nur in seinen Leistungen – 1930 gelingt ihm die erste Fernsehübertragung –, sondern gerade auch in dieser kleinen Sternwarte im Garten, mit teurem, heute aufwendig restauriertem Zeiss-Refraktor reines Privathobby.

Ab der Wolfshügelstraße, in die wir nach links einbiegen, um uns dann erneut nach links in die Collenbuschstraße zu wenden, beginnt der Stadtteil **Weißer Hirsch,** dem der aus Dresden gebürtige Schriftsteller Uwe Tellkamp mit seinem unfangreichen Roman „Der Turm" ein literarisches Denkmal setzte. Der Name des Stadtteils kam vermutlich recht schlicht zustande und geht auf den eines ehemaligen Gasthauses am Rand der Dresdner Heide zurück. Weit über Dresden hinaus bekannt wurde der Ort vor rund 100 Jahren: Gegen Ende des 19. Jahrhunderts begründete der junge

Blick auf den Weißen Hirschen

Arzt Heinrich Lahmann hier ein Sanatorium, in dem er mit Rohkost, Bewegung, viel frischer Luft und Naturheilkunde seine zivilisationsgeschädigten Wohlstandspatienten kurierte. Dank der Lage zwischen Dresdner Heide und der Elbniederung bot der Ort mit seiner ozonreichen Luft ein ideales Heilklima und wurde später auch als Luftkurort anerkannt. Europaweit bekannt lockte das Kurbad bald auch vornehme Gäste aus Russland und Skandinavien, Holland, England und Polen an, die dem Ort ein mondänes Gepräge gaben. Selbst Japaner und andere Gäste aus Übersee fanden den Weg in Dresdens Vorort, um sich naturheilkundlich behandeln zu lassen. Um 1928 bestand allein das Sanatorium von Lahmann aus 30 Häusern mit 350 Mitarbeitern. Zahlreiche kleinere Kuranstalten, Gasthöfe und Vergnügungsstätten siedelten sich ringsherum an, Hausärzte von Lahmanns Institut machten sich mit eigenen Kliniken selbstständig. Ein Schwimmbad, Tennisplätze, eine Reitschule und andere Sportstätten kamen hinzu. 1921 wurde der Weiße Hirsch eingemeindet; mit 226 Metern über dem Meeresspiegel ist er übrigens Dresdens höchstgelegener Stadtteil. Im Gegensatz zur Innenstadt blieb er von Bomben

Luisenhof

verschont. Der Sommertreffpunkt von Hocharistokratie, Großbürgertum und Künstlern zog auch reiche Dresdner an, die sich hier noble Landhäuser im Grünen errichten ließen. Wie in Blasewitz schrieb die Bauordnung auch hier einen „anständigen Villenstyle" statt geschlossener Häuserreihen vor. Unser Spaziergang vermittelt einen kleinen Eindruck von dem einzigartigen Reiz dieser Wohnlage auf dem „Dach Dresdens".

Der dänische Dichter Martin Andersen Nexø (1869–1954) verbrachte in Dresden die letzten Jahre seines Lebens; die Stadt verlieh ihm die Ehrenbürgerschaft. Schon seine erste Deutschlandreise in jungen Jahren hatte ihn in die Elbestadt geführt, und auch seine erste autorisierte deutsche Übersetzung erschien 1902 in einem Dresdner Verlag. Zunächst in Radebeul einquartiert, bezog der Schriftsteller 1952 ein Wohnhaus in der Collenbuschstraße 4 auf dem Weißen Hirschen. Bekannt wurden vor allem seine Bücher „Pelle der Eroberer" und „Ditte Menschenkind".

An der Biegung der Collenbuschstraße erreichen wir den in den 1930er-Jahren geschaffenen **Aussichtspunkt Friedensblick 5** mit Dresden-Panoramablick und einem Obelisken, der an den tödlichen Unfall des sächsischen Königs Friedrich August II. im Jahr 1854 erinnert. Die kleine Grünanlage unterhalb war einst Teil des Lahmannschen Kurparks. Durch die Küntzelmannstraße gelangen wir zum Lahmannring, überqueren die Bautzner Landstraße und biegen in den Diebsteig. Über viele Gebäude ließe sich hier mehr erzählen, wofür der Platz fehlt, wir wenden uns nur kurz dem **Parkhotel 6** zu, das ebenfalls zu der Zeit entstand, als der Weiße Hirsch sich zum europaweit bekannten Kurort entwickelte. Nach Kriegsende 1945 wurde das Parkhotel von Sowjets besetzt, der Ballsaal diente als Pferdestall. 1990 geschlossen und 2007 wiedereröffnet, war selbst Ulrich Wickert der „Mythos im Osten" eine Erwähnung in den Tagesthemen wert. In seinem Film „Der Rote Kakadu" (2006) erzählt der Regisseur Dominik Graf die Geschichte der legendären Tanzbar im Dresdner Parkhotel, eine Instanz für Nachtschwärmer und Kultstätte mit verruchtem Ruf. Der

Andrang war enorm, vor allem wenn Live-Bands spielten, an den Wochenenden platzte das Tanzlokal aus den Nähten. Hartnäckigen, aber nicht unbedingt wahren Gerüchten zufolge pinkelten die Gäste in Biergläser, wenn es ihnen wegen der gedrängten Enge nicht gelang, die Toilette aufzusuchen. Das Flair der 1960er- und 1970er-Jahre der Kakadu-Kellerbar wurde nahezu originalgetreu restauriert. Und im prachtvollen Ballsaal findet alljährlich im Frühjahr der Hutball statt – nicht zu vergleichen mit dem förmlichen Semperopernball, sondern ein schräges Vergnügen unter dem Motto: „Hauptsache behütet".

Den **Waldpark** gleich dahinter, damals König-Friedrich-August-Park, ließ die Gemeinde am Rand der Dresdner Heide mit Luftbad und Tennisplätzen anlegen. Im lichten Wald stammt auch der **Konzertplatz 7** aus der mondänen Ära des Weißen Hirschs. Denn außer medizinischer Betreuung

Dresdner Heide

war auch für kulturelle Unterhaltung gesorgt: Mit Kurkonzerten, Tanztees, Sommerbällen entwickelte sich der 1926 eingeweihte Musikpavillon schnell zum beliebten Treffpunkt. Stilvoller kann ein Biergarten nicht sein: Nach vielen Jahren Dornröschenschlaf hat der – früher ganz in der Nähe, inzwischen in Radebeul tätige, ehemals jüngste Sternekoch Deutschlands – Küchenchef Stefan Hermann den historischen Platz mit der hellen Konzertmuschel zu neuem Leben erweckt. Dr. Lahmann hatte seine Patienten einst noch recht spartanisch verköstigt, mit Pflanzenmilch und Rohkost, heute machen Käsespätzle oder Bratwurst satt. Die Bühne wird für den „Dresdner Sommer" genutzt, der Theater, Konzerte, Lesungen und Kino im Biergarten bietet.

Konzertmuschel

Der denkmalgeschützte **Chinesische Pavillon 8** am südlichen Waldrand wurde zur internationalen Hygieneausstellung im Jahr 1911 – im Auftrag des chinesischen Kaiserreichs – in Shanghai errichtet, in Einzelteilen nach Deutschland verschifft und später hierher versetzt. An der von Karl August Lindner initiierten Ausstellung (siehe Spaziergang 5) nahmen elf Nationen mit eigenen Pavillons teil. Heute dient der restaurierte Bau als Begegnungsstätte.

Friedhofsfans können noch einen Abstecher zum benachbarten **Waldfriedhof Weißer Hirsch 9** erwägen. Manfred von Ardenne wurde dort begraben, auch Sanatoriumsdirektor Dr. Heinrich Lahmann fand auf dem Gelände seine letzte Ruhestätte, doch vor allem wegen ihrer Lage gilt die Gedenkstätte als naturnahe Idylle.

Über den Rißweg geht es wieder hinunter, vorbei an der extravaganten Villa San Remo zur Ausflugsgaststätte **Luisenhof.** Das traditionsreiche Ausflugsrestaurant und -café hoch über dem Blauen Wunder, das im selben Jahr wie die Bergbahn eröffnet wurde, ist nach der beliebten Prinzessin Luise von Toscana benannt, der Gemahlin des letzten sächsischen Königs (die mit dem Klavierlehrer ihrer Kinder durchbrannte). Unterhalb liegen die Loschwitzer Hänge und die Elbwiesen, doch der Blick vom „Balkon Dresdens" reicht bis weit über die Innenstadt Dresdens hinaus.

Gleich nebenan befindet sich die **Bergstation der Standseilbahn** 10. Denn, wie wir unten am Körnerplatz und bei Spaziergang 8 sehen können, ersparen zwei Bergbahnen den mühevollen Aufstieg auf die Höhe. Die mehrfach modernisierte Standseilbahn, eine der ältesten Europas und technisches Denkmal, verbindet seit 1895 die Talstation in

Bergstation der Standseilbahn

Loschwitz mit dem Villenviertel Weißer Hirsch, ist also schon mehr als 120 Jahre im Dienst. In der Mitte der eingleisigen Strecke begegnen sich die beiden Wagen; ursprünglich wurden sogar Pferde und Fuhrwerke damit transportiert. Über knapp 500 Meter überwindet die Seilbahn wie eh und je die 95 Höhenmeter zur Ausflugsgaststätte hoch über dem Elbtal.

Wer noch das **Leonhardi-Museum** 11 anschauen möchte, nimmt nicht die Bergbahn hinunter ins Tal, sondern folgt dem Rißweig weiter bis zur befahrenen Grundstraße. Das auffallendste der vielen schönen Loschwitzer Fachwerkhäuser steht hier, die „Rothe Amsel". Für den 1828 geborenen Maler Eduard Leonhardi wurde die ehemalige Hentschelmühle, die unterste von einst sieben Wassermühlen, 1880 im „altdeutschen Stil" umgebaut. Damals entsprach das überbordende Dekor wohl dem Zeitgeschmack. Leonhardi, ein Schüler des Spätromantikers Ludwig Richter, ließ fast alle Fachwerkausfachungen aufwendig ausmalen. Weitere historisierende Zutaten sind ein imposanter Erker,

Leonhardi-Museum

der von einem Bergknappen gestützt wird, ein Ritter mit Schild und Lanze unter einem übergroßen Baldachin und die namengebende rote Amsel, in der Schreibweise „roth".

Neben der malerischen, pseudovolkstümlichen Fachwerkmühle ließ Leonhardi ein Ateliergebäude errichten und mit dem Altbau verbinden. Hier bot er jungen unbemittelten Künstlern Raum; allerdings wohl nur kurze Zeit. Nach dem Tod des Künstlers 1905 wurde ein Museum aus der Anlage, Werke Leonhardis sind zu sehen, den Landschaftsmaler interessierte besonders der Wald als Motiv.

8 WACHWITZ

Start/Ziel: Altwachwitz, 01326 Dresden (GPS: 51.036581, 13.831976)
Länge: 7 Kilometer
Dauer: 2 Stunden, mit Schwebebahn-Ausflug länger
ÖPNV: Haltestelle Altwachwitz, Bus 63; Ein- und Ausstiegspunkte unterwegs: Haltestelle Körnerplatz, Calberstraße, Künstlerhaus, Josef-Hermann-Straße
Parken: Parkbuchten an der Pillnitzer Landstraße (alternativ: Parkplatz in Loschwitz wie im Spaziergang 6 und an der Elbe entlang loslaufen)

Unterwegs entdeckt:

1 Königlicher Weinberg
2 Schwebebahn
3 Loschwitzer Kirche
4 Loschwitzer Wiesenweg

5 Loschwitzer Friedhof
6 Künstlerhaus
7 Rhododendronpark

Essen + Trinken:

In Loschwitz offerieren mehrere Cafés und Restaurants Speis und Trank, vom Biergarten an der Elbe über die Pizzeria bis zur klassischen Konditorei. Zwei besondere Tipps: Start und Ziel ist Altwachwitz, und dort ist mit der **Elbterrasse Wachwitz** für das leibliche Wohl gut gesorgt, ein wunderbarer Elbblick inklusive (Altwachwitz 14, Tel. 03 51/26 96 10, www.elbterrasse-wachwitz.de). Auf halber Strecke, vor der Umkehr an der Elbe entlang, verfügt das italienische Restaurant **La Campagnola** über einen schönen Gastgarten (Friedrich-Wieck-Straße 45, Tel. 03 51/3 14 10 23, www.la-campagnola-dd.com).

Unterwegs auf dem Weinwanderweg

Elbaufwärts von Loschwitz folgen Wachwitz und Niederpoyritz, Hosterwitz und Pillnitz. Zwischen Uferwiesen, Gärten und Elbhängen folgen alte Dorfkerne, dann wieder lockere Bebauung aufeinander, Neubauten im Überschwemmungsgebiet und Villen in den Weinbergen, restaurierte Fachwerk- und Winzerhäuser. Ein gutes Stück oberhalb der Flussebene führt der Sächsische Weinwanderweg an den Elbhängen entlang, der die reizvolle, durch über 800 Jahre Weinbau geprägte Landschaft auf die schönste Art erschließt. Von Pirna bis Meißen könnte man ihn in mehreren Tagesetappen erwandern, wir laufen nur ein kurzes Stück darauf, vielleicht aber schon genug für das Vorhaben, wiederzukommen und gleich mehrere Etappen zu wandern.

Steile Sträßchen führen von der Pillnitzer Landstraße hinauf zu den Villen am Elbhang von Wachwitz. Dem Dorfkern **Altwachwitz** ist nicht mehr anzusehen, dass er in seiner Urform ein slawischer Rundling war. Erhalten geblieben sind einige Fachwerkhäuser beim Gasthaus Elbterrasse, die ein malerisches Ensemble bilden. Hoch oben über dem einstigen Weinbaudorf reckt sich der filigrane **Fernsehturm** etwas mehr als 250 Meter in den Himmel – angeblich wurden die Architekten durch ein Sektglas zu der kelchartigen Form in-

Wandersymbol

Fernsehturm

8 WACHWITZ

Weinbergkapelle

spiriert, als Vorbild diente aber auch der Stuttgarter Fernsehturm. Der 1969 errichtete Sendeturm, eines der Wahrzeichen Dresdens und einst beliebtes Ausflugsziel, ist nicht mehr zugänglich, ein Förderverein setzt sich für die Renovierung ein.

Gleich gegenüber der Bushaltestelle zeigt uns ein verblichenes weinrotes Traubensymbol mit einem S darüber, die Kennzeichnung des Sächsischen Weinwanderwegs, dass es über das Sträßchen Am Steinberg hinaufgehen soll. In moderatem Tempo steigen wir am Hang hinauf, bis das Sträßchen an einer Kehre zur Josef-Herrmann-Straße endet, dort ist schon der erste Weinberg erreicht.

Schilder weisen auf die Besenwirtschaft von Winzer Ronny Beier hin und auf Freytags Weingarten – so etwa ab Mai wird hier in den Sommermonaten Wein in der Besenwirtschaft ausgeschenkt und finden die Veranstaltungen der Kulturterrasse Scholz statt. Arbeit gibt es dagegen das ganze Jahr über im Wachwitzer Steinberg, auch **Königlicher Weinberg 1** genannt. Mehrere Winzer bewirtschaften eigene Parzellen, viele schon recht lange wie Reinhard Scholz, andere erst seit Kurzem wie Alexandre Dupont de Ligonnès. Über die Stufen der steilen Himmelsleiter klettern wir hinauf bis zum Rondell und folgen dem Höhenweg Richtung Weinbergkapelle und Königlicher Villa (beide nicht zugänglich). Ein großer Teil der Rebflächen im kleinen Anbaugebiet Sachsen sind sonnenbegünstigte – und arbeitsaufwendige – Steillagen. Die Terrassen mit Rebstöcken und die mannshohen Trockenmauern zeigen auch hier, wie mühsam der Weinbau am steilen Elbhang ist. Dass sie eingeführt wurden, dafür sorgte ein

kurfürstlicher Erlass im Jahr 1600, der den Weinbau nach „Württembergischer Art" befahl – in Süddeutschland hatte man den Terrassenbau als vorteilhaft für die Qualität erkannt. Es wundert nicht, dass den Winzern daran lag, auch leichter zu bewirtschaftende flache Lagen aufzureben. Ein Erlass von Kurfürst Johann Georg III. aus dem Jahr 1684 verbot dies (nach dem Dreißigjährigen Krieg brauchte man dringend Getreide): „Wo der Pflug kann gehn, dort soll kein Weinstock stehn!"

Sachsen gehört zu den kleinsten Weinbauregionen Deutschlands.

Unterhalb von Schloss Wachwitz sind sogar im Wäldchen noch Terrassen und Steinmauern zu entdecken – wohl auch dort wurde einst Wein angebaut. In der ersten Hälfte des 19. Jahrhunderts hatte

8 WACHWITZ

Winzerhaus Veilchenweg

Prinz Friedrich August (der spätere König Friedrich August II.) hier erst drei Weinberge und dann sukzessive viele weitere Grundstücke auf der Wachwitzer Flur erworben. Neben einer älteren Villa entstand das eigentliche Wachwitzer Schloss (zu Eigentumswohnungen umgebaut) aber erst Mitte der 1930er-Jahre für Friedrich Christian, den Sohn des letzten sächsischen Königs aus der Familie der Wettiner. Vorbei am liebevoll restaurierten **Presshaus des Weinbergs,** über dessen Eingang sich ein Bildfries des Hofbildhauers Franz Pettrich befindet, das Kinder bei Tätigkeiten rund um den Weinbau zeigt, erreichen wir das Sträßchen Wachwitzer Weinberg und folgen dann dem Josef-Hegenbarth-Weg und der Calberlastraße.

Eine Rarität aus Sachsen ist die Rebsorte Goldriesling.

Am Veilchenweg, einem alten Weinbergsteig, sind einige bescheidene Winzerhäuser erhalten geblieben, später ließen sich hier wohlhabende Bürger und Künstler prächtige Villen errichten – in der sonnengelben **Villa Stolzenfels** (Nummer 25) etwa lebte der Maler Emanuel Hegenbarth (1868–1923). Hier ist der Oberloschwitzer Hang so steil, dass bei manchen Mehrfamilienhäusern oben die Garagen-

einfahrt vom Sträßchen aus zugänglich ist und die Wohngeschosse darunterliegen. Im Veilchenweg 9 steht im Garten eine **Winzersäule** – der etwa 8 Meter hohe Sandsteinobelisk mit Sonnenuhren an je drei Seiten und einer vergoldeten Wetterfahne erinnert an die Loschwitzer Weinbautradition. Das ehemalige Winzerhaus daneben entstand um 1660 und ist eines der ältesten erhaltenen Gebäude von Loschwitz. Unter der Schwebebahn hindurch geht es weiter abwärts den Veilchenweg hinunter bis zur Pillnitzer Landstraße. Wir biegen nach links und lassen uns an der „Talstation" der Schwebebahn zu einem Ausflug auf die Anhöhe verlocken.

Der sächsische
WEINWANDERWEG

Zu Fuß lässt sich die Elblandschaft in allen Einzelheiten genießen – ob in flottem oder gemächlichem Wandertempo. Zu entdecken sind Winzerhäuschen mit Rankgittern und Weinbergkapellen, sommerliche Besenwirtschaften und gemütliche Weinstuben, steile Rebterrassen und zahlreiche Aussichtspunkte mit Blick auf die weite Flusslandschaft der Elbe. Der Sächsische Weinwanderweg beginnt im malerischen Pirna, berührt hinter Dresden die Villen- und Gartenstadt Radebeul und die Porzellanstadt Meißen und endet elbabwärts im Weinort Diesbar-Seußlitz. Wer das Ganze erwandern will, kann die Gesamtstrecke von knapp 90 Kilometern in sechs Tagesetappen (von 15–18 Kilometer bzw. 5–6 Gehstunden) bewältigen. Die zweite Etappe des Weinwanderwegs, auf der unser Spaziergang kurz entlangführt, verläuft durch Dresden überwiegend auf asphaltierten, kaum befahrenen Straßen, insgesamt wären die 18 Kilometer von Pillnitz bis Dresden-Wilder Mann eine Tagestour.

Endlich über allem schweben? Ganz einfach: in den Wagen der **Bergschwebebahn** 2. Den einmaligen Blick auf die malerische Elblandschaft und das Blaue Wunder von

Bergbahn

oben erleichtert sie schon über 120 Jahre – die rüstige, keineswegs rostige Konstruktion trotzte Wind und Wetter und den Höhen und Tiefen der Zeit. Nicht nur das „Blaue Wunder" ist eine ingenieurtechnische Meisterleistung. Nur wenige Jahre nach der Loschwitzer Brücke wurde hier ab 1898 auch die erste Bergschwebebahn der Welt konstruiert. Nach drei Jahren Bauzeit wurde sie 1901 in Betrieb genommen.

Allerdings schwebt sie nicht, sondern hängt. Auf knapp 280 Metern überwindet die Bahn 84 Höhenmeter, die Kabinenwagen hängen an einer genieteten Trägerkonstruktion und werden von einem dicken Stahlseil hinauf nach Oberloschwitz gezogen. Den Bau übernahm dieselbe Nürnberger Firma, die auch die Wuppertaler Schwebebahn angefertigt hatte. Nicht nur bei ihrer Einweihung war die Bahn hochmodern: In den ersten Jahren

Brunnen in Loschwitz

wurde sie noch mit Dampf betrieben – im Maschinenhaus an der Bergstation gab es zwei Dampfkessel –, doch schon 1909 wurde auf Elektrobetrieb umgestellt. In der Bergstation veranschaulicht eine kleine Ausstellung Technik und Geschichte der Schwebebahn, nach vorheriger Anmeldung kann auch das Maschinenhaus besichtigt werden.

Wieder unten angelangt, folgen wir der Pillnitzer Landstraße bis zur **Loschwitzer Kirche 3**. Anfang des 18. Jahrhunderts entstand die weißrosa Kirche als barocker Zentralbau. Beauftragt wurden Ratsmaurermeister Johann Christian Fehre und Ratszimmermeister George Bähr, der spätere Baumeister der Frauenkirche. Beim Luftangriff auf Dresden im Februar 1945 brannte die Kirche bis auf die Umfassungsmauern nieder. Erst 1989 stimmte das Landeskirchenamt Sachsen dem Wiederaufbau zu; viele private Spender unterstützten dabei. 1994 wurde die Kirche, die als kleine Schwester der Frauenkirche gilt, zum zweiten Mal geweiht. Die Rekonstruktion des Altars war nicht möglich, aber es lagerten in Dresden noch Teile eines berühmten Altars, den Giovanni Maria Nosseni 1606–07 für die abgerissene Sophienkirche entworfen hatte. In einer aufwendigen Rekonstruktion wurden alle noch erhaltenen Teile wieder zusammengefügt; seit 2002 steht der Altar im Kirchenraum, als wäre er hierfür geplant gewesen.

Loschwitzer Kirche

Direkt gegenüber führt ein Weg zur Fidelio-F.-Finke-Straße, und etwas nach rechts versetzt, ein asphaltiertes Sträßchen zur Elbe. Ein kleines Stück geht es auf dem auch als

Künstlerhaus

Radweg genutzten **Loschwitzer Wiesenweg** **4** elbaufwärts am Fluss entlang, bis wir auf einem Weg und der Friedrich-Press-Straße zurück zur Pillnitzer Landstraße kommen. Als Landschafts- und Hochwasserschutz dürfen viele flussnahe Bereiche des Elbtals nicht bebaut werden, was mancherorts, wo Neubauten im Überschwemmungsgebiet errichtet wurden, schon etwas aufgeweicht zu werden scheint.

Aus dem Griechischen übersetzt bedeutet Rhododendron „Rosenbaum".

Ein Stück weiter liegt etwas unterhalb der Pillnitzer Landstraße der **Loschwitzer Friedhof** **5,** der unter Denkmalschutz steht. Viele Grabmäler wurden von Loschwitzer Künstlern für ihre Kollegen geschaffen. Mehr als 30 Maler und Bildhauer sind hier begraben. Eine schlichte Stele mit einem G erinnert beispielsweise an Hermann Glöckner, den „Patriarchen der modernen Kunst der DDR". Weitere hier begrabene Maler, Musiker, Dichter und Architekten sind Otto Griebel, Joseph Hegenbarth, Woldemar Hottenroth, Hans Jüchser, Eduard Leonhardi, Hans Theo Richter, Hans Unger und Oskar Zwintscher.

Sehenswert gegenüber vom Loschwitzer Friedhof ist das **Künstlerhaus 6,** das insgesamt 16 Ateliers für die Bewohner erhielt. Das Ende des 19. Jahrhunderts errichtete Gebäude gilt als frühes Beispiel des Jugendstils und der Reformarchitektur, wirkt aber auf Kritiker wie eine Mischung „aus nordischer Burg und norditalienischem Palazzo der Renaissance".

Gleich dahinter geht es auf dem Josef-Hegenbarth-Weg wieder hinauf, zum nahen **Rhododendrongarten 7.** Zur Blütezeit von Mai bis Juni wird der Garten zum Farbwunder – die üppig wuchernden Rhododendren blühen in Weiß, Rosa, Violett, Azaleen setzen knallige Akzente in Gelb und Orange. Mit über 1000 Sträuchern in über 300 verschiedenen Sorten und 60 Arten gehört der Wachwitzer Rhododendrongarten zu den bedeutendsten seiner Art in Europa. Rhododendren haben in Dresden eine lange Tradition. Dem Hofgärtner Jacob Seidel gelang es, im 19. Jahrhundert erstmals winterharte Rhododendren zu züchten. Über das schon bekannte Sträßchen Am Steinberg erreichen wir den Ausgangspunkt.

Rhododendron

9 PILLNITZ

Start/Ziel: Pillnitz, 01326 Dresden (GPS: 51.012540, 13.862730)
Länge: 12 Kilometer (je nach Runde im Schlosspark)
Dauer: 3 Stunden
ÖPNV: Haltestelle Leonardo-da-Vinci-Straße, Bus 63, Anfahrt oder Rückkehr nach Dresden auch mit einem Schaufelraddampfer der Elbeschifffahrt möglich; Ein- und Ausstiegspunkte unterwegs: Haltestelle Bodemer Weg, Rathaus Pillnitz
Parken: Parkplatz 1, Schloss Pillnitz, Leonardo-da-Vinci-Straße

Unterwegs entdeckt:

1 Maille
2 Wasserpalais
3 Bergpalais
4 Leitenweg

5 Weinbergkirche
6 Palmenhaus
7 Kamelienhaus

Essen + Trinken:

Zwei besondere Tipps: In Pillnitz gibt es gleich im Schlosspark mehrere Einkehrmöglichkeiten, etwa im **Schlosshotel,** bei gutem Wetter auf der Biergartenterrasse, bei Regen oder kalter Witterung auch drinnen im Wintergartencafé und im Kaminrestaurant (August-Böckstiegel-Straße 10, Tel. 03 51/2 61 40, www.schlosshotel-pillnitz.de). Auch nur wenige Schritte sind es zum Restaurant **Pillnitzer Elbblick** (Söbrigener Straße 2, Tel. 03 51/4 24 83 33, www.elbblick-pillnitz.de) beim Anleger der Raddampfer. Für eine kleine Rast auf der Terrasse empfehlen sich Winzerplatte oder sächsische Spezialitäten.

Fürstliche Pracht

Ein anmutiges Kleinod zwischen Weinbergen und Elbwiesen ist Schloss Pillnitz, einst Sommerresidenz des sächsischen Hofs. Zu jeder Jahreszeit bietet der weitläufige Park wunderschöne Natureindrücke, und Wasser- und Bergpalais im Chinoiserie-Stil bezaubern durch leichte, elegante Heiterkeit. Durch den Ort Pillnitz, entlang des Königlichen Weinbergs und der Weinbergkirche zurück zum Schloss, kann man den Spaziergang noch zur Runde erweitern oder zurück durch die lange Kastanienallee bis zum Kirchlein Maria am Wasser verlängern. Stimmungsvoll ist die Rückkehr zur Altstadt mit dem Raddampfer, der nur ein paar Schritte vom Wasserpalais entfernt ablegt.

Von der Leonardo-da-Vinci-Straße führt eine beeindruckende, sehr breite und rund 500 Meter lange Kastanienallee Richtung Schloss, **Maille 1** genannt. Hier wurde auf einer eigens angelegten Bahn das im 18. Jahrhundert beliebte höfische Maillespiel betrieben, ein Vorläufer des Krocket mit Holzkugeln.

Die Schlossanlage von Pillnitz – idyllisch in einer Parkanlage direkt an der Elbe gelegen – ist einer der schönsten barocken Sommersitze Europas, fast unwirklich in seiner zeitlosen Schönheit, der vollkommenen Harmonie von Architektur und geformter Natur. Im Kontrast zur eleganten, bis ins Detail gestalteten Schloss- und Parkanlage steht die naturgeschützte, wilde Elbinsel gegenüber, deren unberührter Auenwald nicht betreten werden darf.

Maille

1706 schenkte August der Starke das Rittergut und Ländereien seiner Mätresse Gräfin von Cosel, die beides tatkräftig bewirtschaftete. Die heutigen Gebäude entstanden erst später, nach Ende der Liaison: Das außergewöhnliche Ensem-

Tritonengondel

ble, das im Chinoiserie-Stil erbaut wurde, verdankt sich der Asienmode des frühen 18. Jahrhunderts. Von Matthäus Daniel Pöppelmann ließ August der Starke ab 1720 das Wasser- und Bergpalais errichten; für leicht fernöstliche Exotik sorgen die Pagodendächern nachempfundenen geschwungenen Walmdächer und die gartenseitigen Säulenvorhallen mit reich geschmückten Kapitellen und farbig bemalten Hohlkehlen. Das quergestellte Neue Palais kam erst Anfang des 19. Jahrhunderts hinzu.

Einen Teil des Parks bildet der labyrinthisch wirkende, aber streng geometrische **Heckengarten** aus in Form geschnittenen Hainbuchen. Hier steht unter einem schützenden Dach die rote **Tritonengondel,** denn August der Starke ist tatsächlich in Gondeln nach Pillnitz angereist. Das ausgestellte, an eine Prunkgondel erinnernde Exemplar stammt allerdings aus späterer Zeit. Die Charmillen – 16 abgezirkelte Heckengärten aus Hainbuche/Weißbuche, dienten als raffinierte Verstecke für Liebeständeleien.

Wir biegen im Park zur Elbe hin ab und gehen zuerst zum **Wasserpalais 2** mit einer Freitreppe zum Fluss. Über die mit steinernen Sphinxen gefasste Treppenanlage von Zacharias Longuelune konnten Gäste direkt aus der Gondel zum Palais emporsteigen. Oberhalb der Stromtreppe ist der erschreckende Pegelstand von 2002 eingraviert – die Jahrhundertflut hat dies alles unter Wasser gesetzt. Die festliche Sommerresidenz des Dresdner Hofes gehört zum Projekt Augusts des Starken, die Elbe wie den Canal Grande, mit der Augustusbrücke als „sächsischem Rialto" zu inszenieren. Eine Reihe wie Perlen an den Fluss gesetzte Schlösschen, Übigau flussabwärts in Mickten und das Japanische Palais, verdanken sich dieser heiter-südlichen Vision einer „sächsischen Serenissima".

Der Innenhof zwischen dem Wasserpalais und dem **Bergpalais 3** ist als barocker Lustgarten mit Blumenrabatten und geschwungenen Wegen angelegt; östlich verbirgt sich hinter dem Neuen Palais noch ein von der anderen Seite zugänglicher Fliederhof. In beiden Flügeln des Schlosses ist das **Kunstgewerbemuseum** untergebracht. Wie in so vielen Dresdner Sammlungen sind auch hier Stücke aus dem Besitz August des Starken zu sehen, etwa einzigartige Silbermöbel. Virtuoses Kunsthandwerk demonstrieren auch farbige Lackmöbel im chinesischen Stil aus der Werkstatt des Hoflackierers Martin Schnell, der auch an der Innenausstattung des Grünen Gewölbes beteiligt war. Insgesamt präsentiert das Museum eine Sammlung sächsischen Kunsthandwerks vom 16. bis zum 20. Jahrhundert, darunter Intarsienmöbel, Porzellan, Majolika, Zinn, Fayencen, Glas und Textilien, ergänzt um internationale, auch die neuere Entwicklung von Kunsthandwerk und Design bis zur Gegenwart dokumentierende Objekte.

Die Elbinsel gegenüber vom Wasserpalais steht unter Naturschutz.

Wir verlassen den Park an einem Seitenausgang zwischen Orangerie und Palmenhäusern und biegen auf der Orangeriestraße nach rechts. Nun geht es erst mal bergauf, an der nächsten Kreuzung geradeaus, wir folgen den Straßen An der Schäferei und Wünschendorfer Straße. Ein Stück am Waldrand entlang, dann zweigt rechts der **Leitenweg 4**

Wasserpalais

Bergpalais

Weinbergkirche

ab, ein Fußweg oberhalb der Weinberge, der am Waldsaum verläuft. Das kleine Wegstück durch die vielfältige Kultur-landschaft in Pillnitz gehört zu den schönsten des Sächsi-schen Weinwanderwegs. Alte Wächterhäuschen – zierliche Pavillons, die den Weinbergwächtern als Quartier dienten –, eine lange Mauer und Informationstafeln säumen den Weg mit Erläuterungen: Hier ist der Weinwanderweg zugleich auch Lehrpfad der Weinbaugemeinschaft Pillnitz. In den 1980er-Jahren begannen Dresdner Freizeitwinzer, die seit Jahrzehnten ungenutzten und verwilderten Terrassen in der Steillage neu aufzureben. Im Jahr 2022 waren inzwischen rund 21 Hektar mit Wein bestockt. An Schneiders Delle mit dem hübsch gepflasterten Serpentinenweg ließe sich der Spaziergang hinunter zum Bergweg abkürzen, wir folgen dem Weg mit atemberaubend schönem Blick auf Pillnitz, Dresden, das Elbtal und bis zur Sächsischen Schweiz aber noch weiter durch das Waldstück zur **Rysselkuppe,** bis es dahinter via Viehbotsche wieder bergab geht.

Wir biegen nach rechts in den Weinbergsweg ein, der seinen Namen bald in Bergweg ändert. Unterhalb der Steil-hänge geht es parallel zum Leitenweg zurück nach Pillnitz.

Schilder weisen auf das **Weingut von Klaus Zimmerling** hin, einem der renommiertesten Winzer Sachsens. Vorbei am Hockeyplatz, der barocken **Weinbergkirche 5,** um 1725 von Zwinger-Baumeister Matthäus Daniel Pöppelmann erbaut, und der liebevoll restaurierten Alten Weinpresse kehren wir zum Schloss zurück. Das zierliche Kirchlein trägt den Namen „Zum Heiligen Geist" – schöner könnte eine Weinbergkapelle nicht heißen, auch wenn nicht Traubendestillat, sondern die christliche Dreifaltigkeit gemeint ist.

Der Rückweg führt uns erneut durch den sehenswerten, als englischen Garten gestalteten Schlosspark. Exotische Bäume, manche mit botanischen Namensschildchen, und rund 600 Kübelpflanzen, die im Winter in der **Orangerie** unterkommen, prägen die gepflegte Parkanlage. Beachtung verdient unbedingt das **Palmenhaus 6,** das zu den ältesten großen Gewächshäusern Deutschlands gehört. Über die Parkanlage sind weitere frühklassizistische Bauten verstreut, der Englische Pavillon am Teich in der Nordwestecke, der **Chinesische Pavillon** an der nördlichen Parkmauer.

Als Highlight blüht von Februar bis Mitte April eine über 245 Jahre alte und neun Meter hohe **Kamelie 7,** die dann

Orangerie

Palmenhaus

bis zu 35.000 karminrote Blüten entfaltet. In den kühleren Monaten wird die älteste Kamelie Europas nördlich der Alpen von einem fahrbaren gläsernen Gewächshaus, in dem Temperatur, Luftfeuchtigkeit und Belüftung computergesteuert geregelt werden, vor Winterkälte geschützt. Um 1776/1778 aus Japan importiert, kam sie aus ihren fernen Gefilden wohl über London nach Dresden. 1801 wurde sie hier eingepflanzt; als einzige von vier im 18. Jahrhundert aus Japan importierten Pflanzen hat sie bis heute überlebt. Schon Ende des 18. Jahrhunderts machten sich professionelle Pflanzenjäger auf den Weg nach Asien und Amerika. Von den gesammelten

Die Bildhauerin Malgorzata Chodakowska lebt in Pillnitz.

Pflanzen kamen allerdings nur wenige lebend an, mitunter nur eine von 1000. Die Kamelie aus dem schwer zugänglichen Japan hat vermutlich der schwedische Naturforscher Carl Peter Thunberg mitgebracht, der dort als Arzt tätig war und 1778 via Ceylon nach Europa zurückkehrte. Die Pillnitzer Kamelie ist wohl eines von vier Exemplaren der Art *Camellia japonica*, die er Kew Gardens überließ. Während eine Pflanze in den königlich botanischen Gärten bei London blieb, wurden die anderen an die Herrscher in Herrenhausen und Schönbrunn sowie an den Dresdner Hof weitergereicht. Über die eingangs schon durchschrittene Doppelallee aus Kastanien gelangen wir zurück zum Ausgangspunkt.

Pillnitzer Park

Kamelie

August, der
STARKE

Er war der Superstar des Barock, und er ließ es gerne „krachen", nicht nur bei Feuerwerken, auch am Hofe und in Gesellschaft. Um die außerordentliche Muskel- und Manneskraft von Kurfürst August Friedrich I. von Sachsen ranken sich Mythen: Hufeisen brach er „mit Dero Eigenen Hohen Händen" – das brachte ihm den Beinamen „der Starke" ein. 365 Kinder habe er gezeugt – was Zeitgenossen zu der süffisanten Bemerkung hinriss, man könne den Monarchen mit Fug und Recht den Vater seines Volkes nennen.

Es war die Zeit tage- und oft wochenlanger Feste und Spiele, der Verschwendung und Ausschweifung, der Gelage und Spektakel. Es gab Jagden und Schlittenfahrten, Maskeraden und Zeltlager, Venusfeste in den Lustgärten und Dianenfeste in den Wäldern. Kostüme und Requisiten der „vielerley Ergötzlichkeiten" in den heutigen Kunstsammlungen vermitteln noch eine Ahnung davon, mit welchem Aufwand hier Feste zelebriert wurden. Alles wurde der Genuss- und Prunksucht des Hofes untergeordnet, auch wenn die Truhen eher leer als voll waren, und die Landeskinder murrten über die zunehmenden Lasten, die ihnen aufgebürdet wurden. Der sinnenfreudige, kraftstrotzende Kurfürst, ein Barockmensch im buchstäblichen wie im übertragenen Sinne des Wortes, liebte die Frauen, die Kunst, den Luxus und den Prunk. Während das benachbarte Preußen sein Geld ins Militär steckte, ging es am Dresdner Hof um Pomp und Glanz.

August verstand Architektur als Festsaal, ob Zwinger oder Sommerresidenz – seine Bauten waren vor allem Kulisse für Prachtentfaltung und Bühne für Selbstdarstellung. Pillnitz war Teil der fürstlichen Inszenierung – Gondelfahrten mit Gondolieri in farbenprächtiger Kleidung führten zur großen Freitreppe mit steinernen Sphinxen am Wasserpalais. Erst der Fluss verband die Lustbauten des Dresdner Hofs zum barocken Gesamtkunstwerk.

Start: Haltestelle Werftstraße, Übigau, 01139 Dresden
(GPS: 51.069486, 13.690296)
Ziel: Neustädter Bahnhof, 01237 Dresden
Länge: 6 Kilometer
Dauer: 1,5 Stunden
ÖPNV: Haltestelle Trachauer Straße, Tram 3, 6, 9 oder 11, dann umsteigen in Bus 79 bis Haltestelle Werftstraße; Ein- und Ausstiegspunkte unterwegs: Haltestelle Trachauer Straße, Altpieschen, Oschatzer Straße, Alexander-Puschkin-Platz, Alter Schlachthof; Rückkehr zum Ausgangspunkt: Haltestelle Anton-/Leipziger Straße, Tram 3, 6, 9, 11 bis Trachauer Straße, dann Bus 79 bis Werftstraße
Parken: in Übigau

Unterwegs entdeckt:

1 Schloss Übigau
2 Ostrale
3 Altmickten
4 Brauhaus Watzke

5 Pieschener Hafen
6 Alter Schlachthof
7 Neustädter Hafen

Essen + Trinken:

Neben im Sommer geöffneten neuen Terrassen am Hafen liegen am Weg auch zwei alteingesessene Gastwirtschaften. Zwei besondere Tipps: Das **Ball- und Brauhaus Watzke** (Kötzschenbroder Straße 1, Tel. 03 51/85 29 20, www.watzke.de) wartet mit selbst gebrautem Bier, deftiger Küche und Terrasse mit Elbblick auf. Über Jahre war auch die **Lindenschänke** mit wunderbarer Terrasse und holzgetäfelten Stuben eine empfehlenswerte Adresse, der neue Pächter tritt in große Fußstapfen (Altmickten 1).

Immer an der Elbe entlang

Zu Fuß immer am Ufer der Elbe entlang gelangt man von Übigau und Altmickten nach Pieschen und weiter stadteinwärts am Pieschener und Neustädter Hafen vorbei zur Inneren Neustadt. Wie auch in den anderen Stadtteilen von Dresden müssen sich Fußgänger und Wanderer den Uferweg mit Radfahrern teilen, etwas Vorsicht und Rücksichtnahme sind angebracht. Belohnt wird die Tour mit einem fantastischen Altstadtblick über das Wasser.

Von der Bushaltestelle Werftstraße in Übigau geht es vorbei an Garten- und Supermärkten durch die hier abzweigende Tauberthstraße Richtung Elbe. Wo sie endet, führt ein Pfad ans Wasser und ein Stück flussaufwärts zum **Schloss Übigau 1**. Wie der Name der Haltestelle schon verrät, hatte sich hier einst eine Werft angesiedelt. Denn dass das spätbarocke Schlösschen überhaupt erhalten blieb, verdankt sich der industriellen Nutzung in der ersten Hälfte des 19. Jahrhunderts. Der Bauingenieur Johann Andreas Schubert, der die erste deutsche Dampflokomotive, die „Saxonia", konstruierte, erwarb es und baute mit der „Königin Maria" in der Schiffswerft und Maschinenbauanstalt von Übigau auch das erste oberelbische Dampfschiff. So trug er gleich zweifach zum Mobilitätsfortschritt bei – zu Lande und zu Wasser wurden Menschen- oder Pferdestärken durch die Dampfmaschine ersetzt. Als technisches Denkmal der Werft erinnert an der Elbe ein tonnenschwerer eiserner Drehkran von 1891 daran.

Den Weg an der Elbe entlang teilen sich Radler und Fußgänger.

Und wer hätte es gedacht, das so erworbene Schloss erbaute einst Göthe. Elbabwärts am Stadtrand entstand 1726 ein Schlösschen als „maison de plaisance" für den sächsischen Kabinettsminister Graf von Flemming. Das kleine Palais erhielt einen damals neuartigen, umlaufenden doppelstöckigen Arkadengang und verdankt seine klassisch ausgewogene Gestalt dem schwedischen Architekten Johann Friedrich Eosander von Göthe (1669–1728) – nicht

Schloss Übigau

dem deutschen Dichterfürsten. Noch während der Bauzeit erwarb August der Starke das Lustschloss. Als Zweitgeborener überraschend nach dem frühen Tod des älteren Bruders auf den Thron gekommen, wandte er sich mit Ungestüm und Leidenschaft der Stadt- und Landschaftsplanung zu, um die kurfürstliche Residenzstadt zur glanzvollen europäischen Hauptstadt und zu Sachsens Serenissima auszubauen. Von seiner Kavalierstour nach Versailles, Madrid und Venedig hatte er neue Eindrücke mitgebracht. Tief beeindruckt von dem italienischen Vorbild, sah er auch in der Elbe schon einen sächsischen Canal Grande. Das vom Fluss abgewandte, mit Festungsmauern gesicherte Dresden öffnete er zur Elbe hin, ein Geniestreich, der den Dreiklang

Elbwiesen

von Stadt, Hang und Fluss erst vollendete. Sein Projekt, die Elbe zu einer wirkungsvoll eingefassten Wasserstraße zu machen, wurde jedoch nicht vollständig verwirklicht (siehe Pillnitz, Spaziergang 9).

Übigau hat der Entzug des Welterbetitels 2009 durch die UNESCO besonders hart getroffen. Der verfallene Barockbau, der seit Anfang der 1990er-Jahre leer steht, sollte aus einem Förderprogramm für die Welterbestätten saniert werden. Stadt und Bürger hoffen auf eine Sanierung durch den privaten Eigentümer, der das Schloss 2017 erwarb. In den Sommermonaten darf die Comödie Dresden Schloss und Park für Veranstaltungen nutzen.

Nebenan haben sich die Organisatoren der **Ostrale 2** einquartiert, einer Biennale zeitgenössischer Kunst, die in den Sommermonaten stattfindet. Einige Jahre lang, insgesamt zwölf Mal, diente der Schlachthof im Ostragehege am gegenüberliegenden Elbufer als Ausstellungsgelände der Ostrale, und so wurden Schweinedom, Futterställe, Fettschmelze und Kühlhaus zu Kunstorten, aktuell wird die Robotron-Kantine genutzt.

Wir folgen dem Elbufer weiter bis zum **Gasthof Lindenschänke,** der schon 150 Jahre lang Schankrecht besitzt.

Unter Linden sitzt man draußen im Biergarten und schaut über die Elbe hinüber zur gläsernen Kuppel der Yenidze. Oder man lässt es sich drinnen in der urigen Gaststube gut gehen. Doch zuerst besuchen wir den dahinter gelegenen Dorfanger von **Altmickten** 3. Hier lässt sich deutlich erkennen, was ein sächsischer Rundling ist. Rund um den langgezogenen Dorfanger des ehemaligen Fischer- und Winzerdorfs gruppieren sich bäuerliche Hofanlagen zu einer Art Wagenburg. Nach einem Großbrand im 19. Jahrhundert wurden die meisten Gehöfte auf altem Grundriss wiederaufgebaut, viele mit Fachwerk. Rundling nennt man solche Weiler, wenn die Anwohner sich rund um einen zentralen Platz anordnen, und Sackgassendorf, wenn es nur eine Zufahrt gibt wie in Altübigau. Gerade in Dresden mit seinen teilweise spät eingemeindeten Vororten gibt es noch zahlreiche gut erhaltene Dorfkerne, darunter auch weitere Rundlingsdörfer. An dieser Siedlungsform lässt sich der slawische Ursprung ablesen. Das Land östlich der Elbe war bis ins 13. Jahrhundert hi-

Altmickten

nein vorwiegend von Slawen besiedelt, und das spiegelt sich auch in den Ortsnamen wider. Namen wie Poyritz, Pillnitz, Sedlitz und Tolkewitz sieht man ihr sprachliches Erbe an – die oft auftretenden Endungen -itz, -litz, -nitz und -ritz haben slawische Wurzeln. Selbst der Name Dresden ist slawischen Ursprungs – er geht auf Drezdany zurück, das Wort

Elbradweg in Pieschen

für „Sumpfwald". In Tschechien und der Slowakei heißt Dresden noch heute Dráždany.

Auf der Böcklinstraße überqueren wir die **Kaditzer Flutrinne,** früher ein Altarm der Elbe, heute Teil des Dresdner Hochwasserschutzes. Wenn der Fluss überläuft und der Elbpegel an der Augustusbrücke über sechs Meter steigt, läuft die Flutrinne voll, und (das höher gelegene) Übigau wird zur Insel. Dresden hat Kriege, Feuersbrünste, Zerstörung und Diktatur überstanden – und auch einige Überschwemmungen. „Land unter" hieß es 1830, 1845, 1862, 1876, 1890, 1900, 1920, 1940. Die Bereitschaft, nach jedem Tiefschlag wieder aufzustehen, das kennzeichnet die Sachsen. Bei der Jahrhundertflut im August 2002 aber stieg der Pegel auf 9,40 Meter, ein historischer Rekord, und es bildeten sich Wassermassen, die auch die Flutrinne nicht mehr fassen konnte. Binnen weniger Stunden drang die reißende Elbe nach heftigem Dauerregen in Keller und Parterre, die Stadt stand unter Wasser, der braune Strom wälzte sich selbst durch den Hauptbahnhof. Was aber vorwiegend der Elbe angelastet wurde, war das Zusammentreffen hoher Pegelstände auch der Nebenflüsse. 21 Tote waren in Sachsen zu beklagen, die Schäden der Flutkatastrophe beliefen sich auf Milliarden Euro.

Ein Stück weiter über die Kötzschenbroder Straße ist das **Brauhaus Watzke** 4 erreicht. Schon 1838 hatte der Branntweinbrenner Karl Josef Watzke eine Schankwirtschaft in Pieschen und eine Konzession für den Alkoholausschank erworben. Das heutige Brauhaus mit Biergarten und prächtigem historischem Ballsaal ließ ein Spross der Familie Ende des 19. Jahrhunderts als „Watzke's Concert- und Balletablissement" direkt an der Elbe erbauen. Der historische Ballsaal ist ohne Übertreibung einer der schönsten Ballsäle in Dresden – mit Deckengemälde, Konzertbühne, imposanten Säulen und originalgetreu nachgebildeten Kronleuchtern. Mitten im vorderen Gastraum wird in den Sudkesseln Bier gebraut, von der Terrasse geht der Blick über die Elbe.

An der Ecke zur Leipziger Straße überqueren wir auf der **Molenbrücke,** bei der uns die Stahlskulptur „Undine kommt" von Angela Hampel begrüßt, das Hafenbecken und folgen

Brauhaus Watzke

Neustädter Elbhafen

der Hafenmole am **Pieschener Hafen 5** entlang, der Mitte des 19. Jahrhunderts angelegt wurde. Heute nutzen ihn Freizeitsportler und das Wasserstraßen- und Schifffahrtsamt. Hinter dem Sportgelände des TSV Rotation und dem Strandbistro am City Beach öffnet sich schon das nächste Hafenbecken.

Von hier sind es aber auch nur wenige Schritte zum Gelände des **Alten Schlachthofs 6** an der Leipziger Straße. Tagsüber ist dort nichts los, allenfalls dringt das Trommeln eines Schlagzeugers durch dicke Wände, denn die Hallen auf dem Schlachthofgelände dienen nicht nur gewerblichen Zwecken oder stehen leer, sondern fungieren auch als Probenräume. Abends und nachts ist deutlich mehr los: Der Puschkin-Club rockt mit Techno-Partys, im Kleinvieh konzentriert man sich auf Hard Dance, Acid und Rave. Und das Hauptgebäude des sanierten Industriedenkmals ist als Konzert- und Partylocation ein Begriff auch über Dresden hinaus. Weitere Schlachthäuser, Ställe und Hallen des einstigen Viehmarkts und ersten zentralen städtischen Schlachthofs aus der Gründerzeit sind teilweise ebenfalls saniert, dienen aber anderen Zwecken. Schon bald reichten die Kapazitäten der ab 1871 errichteten Zweckbauten schon nicht mehr aus, und die Inbetriebnahme eines neuen Schlachthofs im Ostragehege führte zur Schließung des Alten Schlachthofs im Jahr 1907. Über 100 Jahre wurde der Komplex weder handwerklich noch industriell dauerhaft genutzt, was zu einem neuen Namen für das Gelände geführt hätte. Im 20. Jahrhundert wurde das Areal von verschiedenen Betrieben vornehmlich als Lager genutzt, seit rund zwei Jahrzehnten sind die Konzerte ein wichtiger Posten im Dresdner Veranstaltungskalender.

Der **Neustädter Elbhafen 7** steht schon seit Anfang der 1990er-Jahre unter Denkmalschutz. Zuletzt Winterhafen für die Passagierdampfer der Dampfschifffahrtsgesellschaft, bietet er heute Liegeplätze für Sportboote. Am Hafenbecken steht die überlebensgroße Bronzeplastik „Lastenträger" (1893) des belgischen Bildhauers Constantin Meunier, ringsherum wurde und wird an einer „Hafencity Dresden" viel gebaut.

Start: Heeresbäckerei, Königsbrücker Straße, 01099 Dresden
(GPS: 51.081528, 13.756972)
Ziel: Festspielhaus Hellerau, Karl-Liebknecht-Straße 56, 01109 Dresden
Länge: 8 Kilometer
Dauer: 2 Stunden
ÖPNV: Haltestelle Heeresbäckerei, Tram 7, 8, 11; Ein- und Ausstiegspunkte
unterwegs: Haltestelle Am Hellerrand, Heinrich-Tessenow-Weg; Rückkehr
zum Ausgangspunkt: Haltestelle Festspielhaus Hellerau, Tram 8
Parken: entlang der Fabricestraße

Unterwegs entdeckt:

1 Stadtarchiv Dresden   **4** Marktplatz
2 Trümmerberg   **5** Festspielhaus Hellerau
3 Deutsche Werkstätten

Essen + Trinken:

In Hellerau ist die Auswahl an Lokalen begrenzt, da beide Empfehlungen teils
nur abends geöffnet sind. Zwei besondere Tipps: Das **Restaurant Schmidt's**
(Moritzburger Weg 67, Tel. 03 51/8 04 48 83, www.schmidts-dresden.de)
ist so gut, dass es sich auch lohnt, extra deswegen nach Hellerau
zu fahren. Das **Gasthaus Hellerau** (Markt 15, Tel. 03 51/8 83 44 70,
www.gasthaus-kaffee-hellerau.de) öffnet zumindest am Wochenende auch
nachmittags bzw. mittags.

Gartenstadt
im Grünen

Die Tour führt von der Heeresbäckerei auf herrlichem Panoramaweg bis zur Gartenstadt Hellerau im Norden von Dresden, auf halbem Weg zwischen Zentrum und Flughafen. Erst geht es durchs Grüne über künstlich aufgeschüttete Hügel bei den Hellerbergen, dann sind rund um Markt, Deutsche Werkstätten und Festspielhaus hübsche Reihenhäuser zu entdecken, die heute wieder zu den begehrten Immobilien in Dresden gehören. Entstanden sind sie Anfang des 20. Jahrhunderts, als sozialreformerischer Gegenentwurf zu den Mietskasernen der Industriestadt.

Dass die Tram-Haltestelle Heeresbäckerei heißt, verrät uns schon gleich den historischen Hintergrund für das Gebäude-Ensemble an der Königsbrücker Straße, in dem heute Supermärkte, Gastronomie und das Dresdner Stadtarchiv zu finden sind. Hier stand einst die Königlich-Sächsische Heeresbäckerei. Ursprünglich eine recht große Anlage, zur eigentlichen Bäckerei gehörten noch Brot- und Mehlmagazine, Getreidesilo und Mühle. In einem der sanierten Speicher im Neorenaissance-Stil hat sich Anfang 2000 das

Stadtarchiv Dresden 1 einquartiert, um im militärischen Jargon zu bleiben. Es zählt zu den ältesten und zugleich modernsten Stadtarchiven Deutschlands. Mit 4200 Urkunden, mehr als 120.000 Karten und Plänen, 660.000 Ansichtskarten, Dias und Fotos sowie knapp 50.000 Büchern dokumentiert es die über 800-jährige Geschichte Dresdens, dazu kommen noch

Blick von Hellerbergen

Filme und Tonträger. Um den Bestand unterzubringen, sind insgesamt rund 45 Regalkilometer erforderlich.

Heeresbäckerei

In den 1870er-Jahren entstanden nördlich der Neustadt, am Rand der Dresdner Heide, neue Kasernen für Infanterie, Kavallerie und Artillerie. Zu den Militärbauten der Albertstadt gehörten nicht nur Waffenlager, Quartiere und Stallungen, es entstand auch eine 360 Hektar große Stadt in der Stadt. Nach dem Vorbild des Wiener Arsenals, 20 Jahre zuvor geschaffen, galt sie zur Entstehungszeit als modernste Anlage Deutschlands (Spaziergang 4). Die Bäckerei lag zwischen den Bahnanlagen und den Proviantmagazinen im Gebäudekomplex des Arsenals. Neben den Garnisonen der Albertstadtkasernen versorgte die Heeresbäckerei auch andere Einheiten der Sächsischen Armee. Bis heute hält sich hartnäckig das Gerücht, dass das Brot zur Versorgung von Soldaten aus Sägemehl gebacken wurde. Offiziell bestand das sogenannte Kommissbrot (von Kommiss für Heeresvorräte, nicht zu verwechseln mit dem Kommis als Kontorgehilfen) aus Getreidemehl und Sauerteig. Der Verdacht liegt nahe, dass das lange haltbare Brot bei knapper Versorgungslage durchaus gestreckt wurde.

Wir biegen in die Fabricestraße ein, lassen die Magazinstraße rechts liegen und folgen von nun an eine ganze Weile

der Wegmarkierung grüner Punkt auf weißem Grund. In Sichtweite, aber noch vor der Justizvollzugsanstalt biegen wir nach rechts in den Grünzug Carolapark ab und erklimmen über eine Treppe den ersten Hügel. Entstanden ist die Halde 2 durch die Schutttransporte aus der durch Bombenangriffe zerstörten Innenstadt nach dem Zweiten Weltkrieg, später wurde der (heute sanierte) Hügel auch als Mülldeponie genutzt. Viele Städte haben bis heute solche

Wandermarkierung

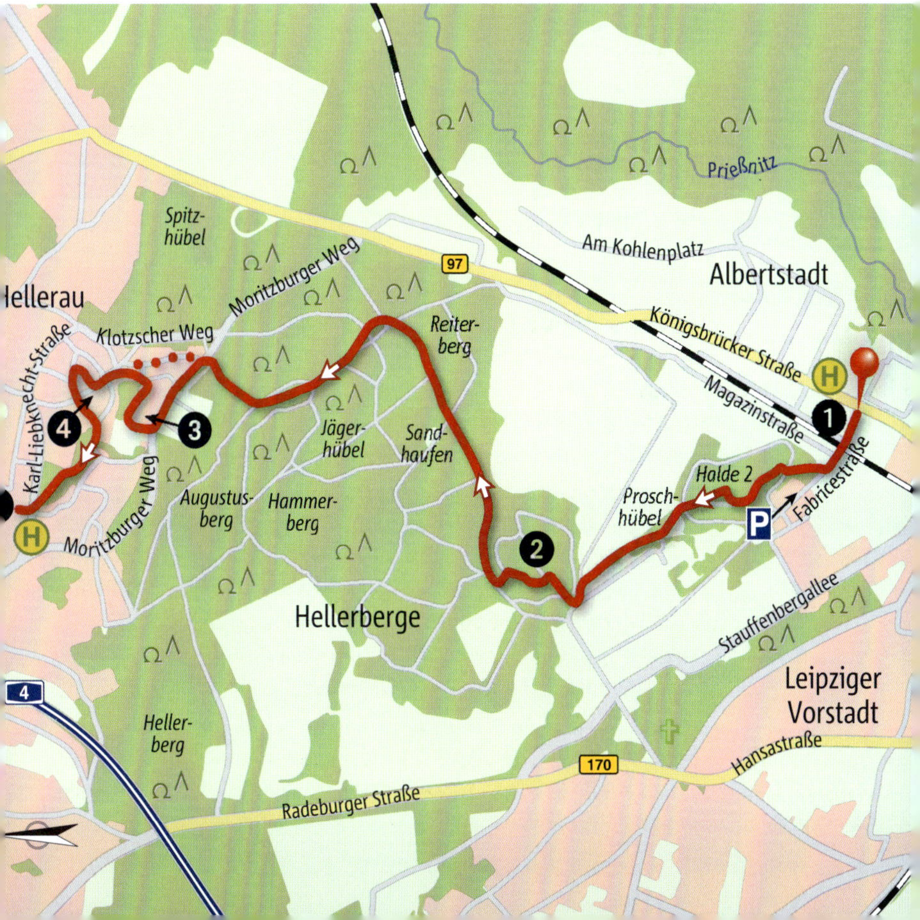

Trümmerberg

Trümmerberge, Stuttgart den Birkenkopf, Berlin den Teufels-berg, in Dresden gibt es gleich mehrere, wir erreichen nur ein paar Schritte entfernt schon einen weiteren. Zwischen den Gefängnismauern der Justizanstalt und der Hellersiedlung hindurch gelangen wir zu einer Kreuzung – bezeichnender-weise heißt der rechts abzweigende Weg „Am Trümmerberg". Auch auf die 195 Meter hohe Halde 1, meist einfach **Trüm-merberg 2** genannt und der höhere der beiden Aussichts-punkte, lohnt sich der Aufstieg, um die Aussicht zugenießen.

Informatives zur sandig-kargen Hellerlandschaft: www.dresdner-heller-erleben.com

Dann geht es entlang der Hellerberge und der Hellersiedlung Richtung Norden. Wir folgen dem grünen Punkt bis zu einer weiteren Kreu-zung. Nach links weist uns nun als Markie-rung ein gelber Strich den Weg, direkt an einer Infotafel zur Geschichte, Tier- und Pflanzenwelt des Hellers, einer Dünen- und Heidelandschaft. Dies ist der Oberförster-Jahn-Weg, der uns zum Gedenkstein für Karl Jahn (1910–1996) führt. Jahn setzte sich für den Naturschutz und insbe-sondere den Erhalt der Dresdner Heide und des Hellers ein.

Bei einem Spaziergang durch die **Gartenstadt Hellerau** sind gartengesäumte Reihenhäuser zu entdecken, einige frei stehende Ein- und Zweifamilienhäuser und der große

Fabrikbau der **Deutschen Werkstätten 3**, in dem heute wieder kleine Firmen und Agenturen arbeiten.

1898 erschien in England das Buch „Tomorrow" von Ebenezer Howard, in dem er das Modell einer Gartenstadt entwickelte, als Gegenentwurf zu den schlechten Lebensbedingungen in den Mietskasernen und Slums der Industriestädte. Weg von den Schloten der Fabriken, in die Sonne, ins Grüne! Genossenschaft und lebenslanges Mietrecht statt Mietwucher und Spekulation! Auch in Deutschland fand die Gartenstadtidee unter Reformern und Genossenschaftlern Anklang, etwa in Berlin und Essen. Aufbauend auf den englischen Ideen gründete der Unternehmer Karl Schmidt 1908 die Gartenstadt Hellerau und siedelte dort auch

Gartenstadt Hellerau

Deutsche Werkstätten

seine „Dresdner Werkstätten für Handwerkskunst" an, eine Möbelfabrik, die der gelernte Tischler (1873–1948) seit einigen Jahren betrieb, später in „Deutsche Werkstätten" umbenannt. Als erfolgreicher und anspruchsvoller Unternehmer – für Theodor Heuss war er der „Holz-Goethe" – bemühte er sich um gestalterische Qualität bei der industriellen Produktion von „Maschinenmöbeln". Als Erster stellte er sachliche, funktionelle Einzel- und Serienmöbel her und wirkte damit bahnbrechend für die weitere Entwicklung der modernen Möbelproduktion. Die Deutschen Werkstätten Hellerau konnten ihre Tradition bis in die Gegenwart fortführen und übernahmen beispielsweise Ausstattungsaufträge für den Sächsischen Landtag und die Semperoper.

Um seine Fabrik vergrößern zu können, erwarb Schmidt in der Dresdner Heide 73 Hektar Land, doch sein Projekt ging über eine angegliederte Arbeitersiedlung mit Unterkünften weit hinaus. Ziel des sozialreformerischen Stadtprojekts war es, Wohnen und Arbeiten, Natur, Kultur und Bildung miteinander in Einklang zu bringen. Schön gestaltete, gesunde und preiswerte Häuser, zufriedene Menschen in Eintracht mit ihrer Umgebung – das war das Ideal. Als Archi-

tekten beauftragte er Richard Riemerschmid, Heinrich Tessenow und Hermann Muthesius, die das Fabrikgebäude und die Wohnsiedlung entwarfen – nicht nur ganze Straßenzüge, sondern auch Geschäfte und Praxen, öffentliche Gebäude, Bade- und Waschhaus sowie den **Marktplatz 4,** den wir über das Sträßchen mit dem schönen Namen „Am Grünen Zipfel" erreichen.

Via Am Sonnenhang, Am Talkenberg und Heideweg geht es weiter zum **Festspielhaus Hellerau 5** an der Karl-Liebknecht-Straße. Zu den architektonischen und gewerblichen Zielen kam das ehrgeizige pädagogische Vorhaben, „bessere und schönere Menschen entstehen zu sehen". Den von der Zivilisation verformten und krank gemachten Menschen wollten die Reformpädagogen wieder näher zur Natur bringen. An vorderster Stelle stand viel Bewegung, am

Festspielhaus Hellerau

besten im Freien. Für die Gartenstadt wurde folgerichtig auch eine „Schule für Rhythmus, Musik und Körperbildung" geplant; die Grundsteinlegung erfolgte 1911. Der Architekt Heinrich Tessenow entwarf ein imposantes neoklassizistisches Festspielhaus mit Säulenportikus sowie sich um den Vorplatz gruppierende Wohnhäuser für die Schüler und Schülerinnen. Emile Jacques-Dalcroze (1865–1950), ein Musikpädagoge aus der Schweiz, wurde eingeladen, hier rhythmische Gymnastik zu unterrichten, und mit Mary Wigman (1886–1973) und Gret Palucca (1902–1993) wurde Hellerau ein Zentrum für modernen Ausdruckstanz. Beide Tänzerinnen kamen für ihre Ausbildung nach Hellerau und eröffneten später eigene Schulen in Dresden. Das Festspielhaus wurde rasch zum geistigen und kulturellen Mittelpunkt. Im großen, an einen antiken Tempel erinnernden „Lichtsaal"

Lesetipp: „Palucca",
die Biografie von Susanne Beyer
(Aviva Verlag).

Von Grün umgeben

Gartengesäumte Reihenhäuser

des Hauses fand sich zu den alljährlichen Festspielen ein internationales Publikum ein. Der Gedanke an Kunst und die soziale Utopie lockten weitere kreative Geister und Reformbegeisterte aus ganz Europa an. Regisseur Berthold Viertel (1885–1953) beschreibt in seinen Erinnerungen Hellerau als „Gemeinschaft geistig Schaffender, eine lose Gesellschaft, in der es Dichter und Denker, soziale Utopisten, moderne Baumeister, Philosophen und Kritiker" gab. Erster Weltkrieg und Zweiter Weltkrieg setzten der humanen Vision endgültig ein Ende. Die Nazis vertrieben die Künstler, nach Kriegsende dienten die Gebäude als Lazarett für russische Soldaten der Besatzungstruppen und als Kaserne. Nach Jahrzehnten Pause wurde 2006 der Spielbetrieb im Festspielhaus Hellerau wieder aufgenommen.

Start/Ziel: Hofmühle Bienertmühle Dresden, Altplauen 19–27, 01187 Dresden (GPS: 51.029878, 13.702589)
Länge: 6 Kilometer
Dauer: 2 Stunden
ÖPNV: S-Bahnhof Plauen; Ein- und Ausstiegspunkte unterwegs: Haltestelle Dresden Felsenkeller
Parken: In Altplauen in einer der Seitenstraßen. Ein kostenloser Parkplatz befindet sich an der Hegereiter Brücke, dann sollte man den Spaziergang dort in umgekehrter Richtung beginnen.

Unterwegs entdeckt:

1 Aussichtsturm Hoher Stein
2 Heidenschanze
3 Hofmühle Bienertmühle

Essen + Trinken:

In Plauen ist das Angebot eher überschaubar. Zwei besondere Tipps: **Genuss-Manu-Faktur** (Chemnitzer Straße 84, Tel. 03 51/21 24 49 85, www.genuss-manu-faktur.de) und ein Stück zurück stadteinwärts die 1858 gegründete **Feldschlösschen Brauerei** (Budapester Straße 32, Tel. 03 51/4 71 88 55, www.feldschloesschen.de) mit rustikaler Gaststätte.

Spuren der Industrialisierung

Noch bis zur Mitte des 19. Jahrhunderts war der Plauensche Grund mit der Weißeritz ein wildromantisches Tal, das besonders die Dresdner Romantiker schätzten. Vom Hohen Stein blickt man heute auf Verkehrs- und Industriebauten: An der Stelle einer Mühle entstanden die Gebäude der Brauerei Zum Felsenkeller, um 1900 eine der größten Deutschlands. Das Ende des 19. Jahrhunderts war die Zeit der Firmengründer, weitere „Fabriketablissements" siedelten sich im Umfeld von Weißeritz und Eisenbahn an: eine Schokoladenfabrik und eine „Dampfmolkerei", Hersteller von Extrakten, Waffeln oder Nähmaschinen. Vom Aussichtsturm am Hohen Stein geht es über Altcoschütz zur Heidenschanze und im Talgrund flussabwärts entlang der Weißeritz zurück.

Vom S-Bahnhof Plauen biegt gegenüber der Einmündung der Zwickauer Straße, hinter der ehemaligen Bienertschen Brotfabrik mit der Turmuhr, aber noch vor der Auferstehungskirche, ein kopfsteingepflasterter Fußweg ab, die Schleiermacherstraße, und steigt leicht an. Vorbei an einer Grundschule passieren wir Tennisplätze und eine kleine Schulsternwarte, die ein Lehrer in den 1960er-Jahren für den Astronomieunterricht errichtete.

Plauen

Aussichtsturm Hoher Stein

Über Wege, durch Wiesen und vorbei an Baumgruppen und am Inneren Friedhof, auf dem sich das Grab von Gottlieb Traugott Bienert befindet, erreicht man gleich hinter dem Feuerlöschteich schon die ersten Aussichtspunkte – insgesamt gibt es vier Plattformen oberhalb des Plauenschen Grunds. Der Blick reicht über das Tal der Weißeritz hinüber zum historischen Luftbad Dölzschen (ein Freibad für FKK-Fans) und hinunter zu Wasserwerk und Felsenkeller, an denen wir auf dem Rückweg vorbeikommen.

Ein Stück weiter steht der **Aussichtsturm Hoher Stein 1**. Für den 1864 erbauten Turm mit dem unverwechselbaren Lochmauerwerk bürgerte sich derselbe Name ein, wie für die Felsformation, auf der er steht: Hoher Stein. So weit der

Streuobstwiese

Ort heute auch vom Meer entfernt liegt: Hier schlugen einst die Brandungswellen eines Kreidezeit-Ozeans an den Felsen. Die Geologen erkennen es am Vorkommen bestimmter Fossilien und Gesteine. Letztere wurden ein paar Millionen Jahre später auch ökonomisch interessant: Nicht nur der Hohe Stein wurde als Steinbruch ausgeschlachtet, um 1930 gab es im Plauenschen Grund mehr als ein Dutzend Steinbrüche an den Talhängen. Sie versorgten Dresden mit großen Mengen an Syenodiorit für das Straßenpflaster. Auch Monzonit genannt, eignet sich das harte, granitähnliche Gestein nicht nur für den Häuserbau, es ist auch politurfähig und diente neben der Verwendung als Dekorstein für Fassaden, Fensterbänke, Treppen- und Bodenbeläge auch als Material für Bildhauer und Steinmetze.

Auf Dresdner Stadtgebiet gibt es rund 280 Hektar Streuobstwiesen.

Wir folgen dem Weg entlang einer Obstbaumwiese weiter bis zum Hinweis „Am Eiswurmlager". Über Pfade und eine lange Treppe würde man auch hinunter zur Brauerei und von dort entlang der Weißeritz zurück zur Bienertmühle gelangen, aber wir haben uns ja gerade erst auf den Weg gemacht.

Der Name auf dem Hinweisschild geht zurück auf eine Legende aus dem 19. Jahrhundert, wonach ein Eiswurm in den Felsenkellern sein Unwesen trieb. Das war zwar nur ein Witz in geselliger Runde, entwickelte sich aber zur Marke der Felsenkellerbrauerei: Als „schrecklichstes der Schrecken« galt der Wurm, „er tat am Eise lecken" und verdarb so das dort gelagerte Bier.

Eben noch in der Stadt, plötzlich auf dem Land: Im alten Dorfkern ist noch gut zu erkennen, dass **Altcoschütz** als Rundling angelegt wurde. Mitten auf dem Dorfplatz steht eine Weide, auch einige Fachwerkhäuser, zum Teil Dreiseithöfe, sind erhalten. Dahinter ist schon die **Heidenschanze 2** erreicht, einer der ältesten Siedlungsplätze im Dresdner Raum. Aus der Zeit um 1400 bis 1000 v. Chr., also aus der jüngeren Bronzezeit, stammt die Befestigungsanlage der Lausitzer Kultur. Die recht große Siedlung war durch einen Wall gesichert; Ausgrabungen lassen erkennen, dass es sich dabei

Blick von der Heidenschanze

um ein mit Erde und Steinen gefülltes Holzkammersystem handelte, eine mauerartige, fast haushohe Befestigung. Der Wall diente aber nicht nur dem Schutz. Hier entdeckte man auch eine Werkstätte, in der Pfeilspitzen aus Knochen und Horn gefertigt wurden, sowie eine Bronzeschmelzgrube. Die Funde lassen auf einen sehr regen, weithin nach Nord-, West- und Südeuropa reichenden bronzezeitlichen Handel schließen. Welche frühen Vorfahren hier lebten, darüber lässt sich dagegen nur spekulieren – die Forschung weiß einfach zu wenig. Die archäologischen Ausgrabungen begannen Mitte des 19. Jahrhunderts, im Wettlauf mit dem zeitgleich und bis in die 1950er-Jahre betriebenen Steinbruch, dem Teile des Geländes zum Opfer fielen.

Über einen schmalen Pfad kommen wir zum Aussichtspunkt Weißeritztalbrücke. Die Autobahn A17 überquert hier den Plauenschen Grund und verschwindet gegenüber wieder in einem Tunnel, hoch darüber thront auf einem Felsvorsprung die Begerburg, eine burgähnliche Villa im gegenüberliegenden Stadtteil Dölzschen.

Zurück in Richtung Felsenkeller geht es hinter der städtischen Streuobstwiese Heidenschanze über den sogenannten Coselweg hinunter ins Tal der Weißeritz. Im Oberlauf Wilde Weißeritz genannt, entspringt der Fluss im Osterzgebirge und entwickelt sich bei Schneeschmelze oder nach heftigen Regenfällen zum tosenden Strom. Zur Jahrhundertflut 2002 war auch die Weißeritz „wild" geworden und verursachte verheerende Überschwemmungen. Dort, wo man sie Ende des 19. Jahrhunderts zwang, ihr angestammtes Bett zu verlassen und mittels einer künstlichen Rinne flussabwärts zur Elbe abzuknicken, brach sie aus, flutete Altstadt und Hauptbahnhof.

Am Brauereigelände überqueren wir auf einer Brücke Fluss und Eisenbahngleise, dann geht es ein kleines Stück flussabwärts entlang der befahrenen Tharandter Straße, die von Freital nach Dresden hineinführt. Der Name **Felsenkellerbrauerei** bezieht sich auf eine in den Felshang gehauene Stollenanlage mit neun mehr als 60 Meter tiefen Felsenstollen, die als Eiskeller genutzt wurden. Das große Areal der Ende des 19. Jahrhunderts gegründeten Brauerei bestand aus riesigen Betriebsanlagen und den gewaltigen in den Fels getriebenen Kellergewölben. Eine solche Anlage war zu dieser Zeit einzigartig. Um 1900 war sie die wichtigste Brauerei im Königreich Sachsen und eine der größten Deutschlands. Bis zum Jahr 1991 wurde hier noch gebraut, heute produziert die nahe gelegene Feldschlösschen Brauerei das ehemals so beliebte Dresdner Felsenkeller Pilsner. In den Gebäuden kamen Unternehmen und gewerbliche Mieter unter.

Unterirdische Eiskeller dienten einst zur kühlen Lagerung von Natureis.

Am Wasserkraftwerk überqueren wir auf der Hegereiterbrücke (benannt nach einem ehemaligen Forsthaus für den „Hege-Bereuther", den berittenen Waldaufseher von August dem Starken) erneut die Weißeritz und spazieren ein Stück am Flüsschen entlang stadteinwärts – am Wegesrand erläutern Informationstafeln Industriegeschichte, Natur und Geologie. Auf dem Pfad zwischen Fluss und Gleisen durch den **Bienertgarten** erreichen wir die alte Hofmühle, auch **Bienertmühle 3** nach der gleichnamigen Familie genannt. Der 1813 geborene Müller und Bäcker Gottlieb Traugott Bie-

Kindheit und Jugend

rjahre bei Wigman
(20 – 1923)

Bienertmühle

nert erwarb hier Mitte des 19. Jahrhunderts eine schon existierende Mühle. In den Anfängen noch ein Handwerksbetrieb, war die Bienertmühle bei seinem Tod ein industriell arbeitendes Großunternehmen, eines der modernsten Europas. Bienert scheute weder Kosten noch Mühe, sein Unternehmen voranzubringen, reiste umher, um in den großen Dampfmühlen die neueste Technik zu studieren, kaufte moderne Turbinen und Teigknetmaschinen und ließ für bessere Beleuchtung eine eigene Gastanstalt bauen. In einem Teil des Gründerzeitensembles ist ein kleines Museum untergebracht. Die alte Mühlentechnik ganz oben im Gebäude vermittelt einen Eindruck davon, dass im Unternehmen keine Mühlenromantik mehr herrschte. Daneben gibt es mehrere kleine Ausstellungen – etwa zur Geschichte Plauens und „Biografisches in Koffern", das an Gret Palucca erinnert. 1972, hundert Jahre nach dem Erwerb der Mühle, wurde die Familie enteignet, nach der Wende wurde aus den einstigen Bienertwerken eine Industriebrache.

Familie
BIENERT

Ein wichtiger Name in Plauen ist der der Familie Bienert. Als der Mühlenbesitzer, Industrielle und sozial engagierte Wohltäter Gottlieb Traugott Bienert im Jahr 1894 starb, galt er nach dem König als der reichste Mann in Sachsen, war von der Gemeinde Plauen zum Ehrenbürger ernannt und durch eine Büste neben dem Rathaus geehrt worden. Seinen beiden Söhnen hinterließ er ein florierendes Unternehmen. Auf das Wirken der bekannten Industriellenfamilie Bienert stößt man in Dresden auch an vielen anderen Stellen: Die Avantgardetänzerin Gret Palucca war zeitweilig mit Friedrich Bienert verheiratet, ihre Schwiegermutter Ida Bienert, eine bekannte Kunstsammlerin, mit vielen Bauhauskünstlern befreundet. Mit einer Kapitalspritze der Bienerts gründete Gret Palucca 1925 eine eigene Schule für modernen Ausdruckstanz, heute als „Palucca Hochschule für Tanz" eine moderne Ausbildungsstätte.

IMPRESSUM **BILDNACHWEIS**

Die Deutsche Nationalbibliothek verzeichnet diese Publikation in der Deutschen Nationalbibliografie; detaillierte bibliografische Daten sind im Internet über http://dnb.d-nb.de abrufbar.

© 2023 Droste Verlag GmbH, Düsseldorf
Konzeption/Gestaltung/Satz: Droste Verlag, Düsseldorf
Einbandgestaltung und Illustrationen: Britta Rungwerth, Düsseldorf
Fotos: Gabriele Kalmbach, außer:
Christine Fischer: S. 63; www.stock.adobe.com: S. 13, S. 56, S. 86, S. 95, S. 96, S. 97 (Torsten Becker), S. 24 (ArTo), S. 34 (EKH-pictures), S. 40 (mije shots), S. 43 (Marcin), S. 48 (Neppomuk), S. 54 (Comofoto), S. 56 (pureshot), S. 70/71, S. 116/117 (Mattoff), S. 80 (hecht7), S. 85 (Julia), S. 107 (thauwald-pictures), S. 108 (Ulf), S. 110 (13threephotography), S. 112 (kelifamily), S. 122 (Mark Lämmchen), S. 125 (Tetiana), S. 142 (Erik Schumann), S. 149 (cstirit), S. 155 (Christian Suhrbier), S. 159 (wkbilder)
Karten: Thorsten David, Bochum
Druck und Bindung: LUC GmbH, Greven

MIX
Papier aus verantwor-
tungsvollen Quellen
FSC® C011279
www.fsc.org

ISBN 978-3-7700-2425-4
www.droste-verlag.de